DOC SEVEN

Le tour du monde
des infos insolites

ISBN : 978-2-7540-8581-6
Dépôt légal : octobre 2016
Imprimé en Italie

Couverture, mise en page et illustrations :
Claire Morel Fatio

Photographies :
iStock

Éditions First, un département d'Édi8
12, avenue d'Italie
75013 Paris
Tél. 01 44 16 09 00 / Fax 01 44 16 09 01

Courriel : firstinfo@efirst.com
Internet : www.editionsfirst.fr

DOC SEVEN

Le tour du monde des infos insolites

FIRST Editions

Merci à Vanessa pour son aide immense,
à Margaux pour son soutien sans faille,
et à Maman, juste parce que c'est la meilleure.

Une petite intro

Depuis tout petit, je n'arrive pas à me trouver une unique passion, je n'arrive pas à focaliser mon attention sur un sujet en particulier. Mon goût éclectique pour le savoir en général me pousse même souvent à passer des nuits sur Wikipédia à bombarder le bouton « article au hasard », lisant tour à tour la fiche sur « l'équipe de Roumanie de basket-ball », « la salamandre à nez court » ou encore sur « l'année 1584 en littérature ».

Bref, j'aime apprendre, j'aime entendre et raconter des histoires et c'est d'ailleurs pour ça que j'ai lancé la chaîne Doc Seven. Avec ce livre, j'avais envie d'essayer de transmettre ma passion par un autre media que la vidéo, et je pense que ça marche très très bien (enfin, je vous laisse juger !). Vous y retrouverez certains classements déjà traités en vidéos mais pour la grande majorité, ceux qui suivent sont inédits.

Bonne lecture !

-----------> DOC SEVEN

7 ÎLES INSOLITES

7

Tristan da Cunha

L'ÎLE LA PLUS ISOLÉE DU MONDE AU CŒUR DE L'OCÉAN ATLANTIQUE

Tristan da Cunha est l'île habitée (270 habitants) la plus isolée du monde. La plus proche terre habitée est l'île Sainte-Hélène, à plus de 2 500 km de là. Pour toucher le continent, il faut effectuer une traversée d'une semaine en bateau vers l'Afrique du Sud…

6

Dubaï

UNE ÎLE TOTALEMENT ARTIFICIELLE

Sur les côtes de Dubaï, quatre énormes archipels sont en construction. Trois d'entre eux ont une forme de palmier. Le quatrième, « Le monde », regroupe des centaines de petites îles privées en une carte du globe. Un ouvrage qui démontre les prouesses technologiques actuelles mais reste un énorme *fail* écologique.

5

Les îles flottantes

LES ÎLES EN ROSEAU DU LAC TITICACA AU PÉROU

C'est sur la partie péruvienne du lac Titicaca qu'on peut admirer des îles entièrement faites en roseau local, le *totora*. À la base, les Amérindiens Uros y vivaient. Mais leur dernière représentante étant morte dans les années 1950, le peuple Aymara a repris le flambeau. C'est surtout une attraction touristique bien que certaines familles y vivent encore aujourd'hui !

4
Hashima
UNE ÎLE ABANDONNÉE AU JAPON

Hashima est une île abandonnée japonaise. En 1887, un gisement de houille est découvert sur l'île. On y construit alors une mine et une ville entière naît de l'exploitation du minerai : à tel point qu'en 1959, c'est l'endroit sur Terre le plus densément peuplé (83 500 habitants/km²). Avec l'arrivée du pétrole, la demande en charbon diminue et la mine ferme en 1974 : l'île est évacuée. Dans les années 2000, les ruines post-apocalyptiques attirent les curieux si bien qu'en 2009, l'île est rouverte aux touristes.

3
Poveglia
UNE ÎLE HANTÉE EN ITALIE

C'est non loin de Venise que vous trouverez Poveglia : une île abandonnée. On dit que lors des épidémies de peste qui ont frappé l'Europe au XVIe siècle, 160 000 personnes y sont mortes. Un hôpital psychiatrique s'y serait trouvé au début du XXe siècle. Mais surtout, entre la peste et les morts parfois violentes de certains patients de l'hôpital, Poveglia serait une des îles les plus hantées de la planète...

2
L'île aux poupées
UNE ÎLE ABANDONNÉE AU MEXIQUE

Julián Santana Barrera vivait seul dans un marécage mexicain où une petite fille aurait été trouvée noyée quelques années plus tôt. Pour apaiser l'âme de la petite fille, il se mit à accrocher des poupées partout sur son île et fut lui-même retrouvé noyé en 2001 au même endroit que la petite fille. Depuis, des centaines de poupées y pourrissent sous le soleil...

1
Phili
L'ÎLE DANS L'ÎLE DANS L'ÎLE LUÇON AUX PHILIPPINES

La plus grande île des Philippines s'appelle Luçon. Sur Luçon, il y a le volcan Taal. Au centre de son cratère se trouve un lac. Au centre de ce lac se trouve une île. Au centre de cette île se trouve un lac ; et au centre de ce lac se trouve un petit python rocheux. Ce gros caillou est donc une île dans un lac sur une île dans un lac sur une île.

7 musées insolites

7

Leila's hair museum
MISSOURI – USA

La propriétaire de ce musée, Leila, adore les cheveux. Vous y trouverez des couronnes et des bijoux en cheveux et des cheveux de personnes célèbres comme ceux de Michael Jackson ou de Marylin Monroe !

6

Museum of Human disease
SYDNEY – AUSTRALIE

C'est un musée dédié aux maladies humaines : plus de 2 700 échantillons de tissu humain malade (organes, peau ou d'autres parties du corps !).

5

Meguro Parasitological Musem
TOKYO – JAPON

Un musée consacré aux parasites ! C'est génial ! Des parasites de l'homme mais pas seulement ! Vous y trouverez toutes sortes de petits animaux qui vivent aux dépens d'autres.

4

Vent Haven Museum
KENTUCKY – USA

Ce musée me fout la chair de poule ! Il regroupe la plus grosse collection au monde de marionnettes de ventriloques !

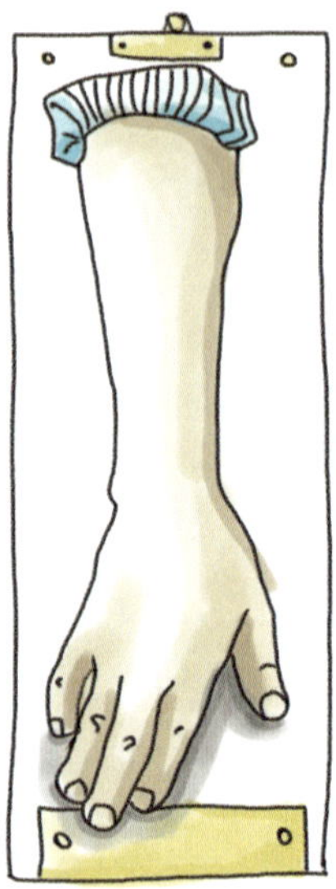

3

Mütter Museum
PENNSYLVANIE – USA

Vous aimez l'histoire médicale ? Parfait, vous trouverez ici des photos de défauts de naissances, une partie du cerveau d'Einstein ou de belles collections d'ossements !

2

Musée de la Mort
CALIFORNIE – USA

Je déconseille ce musée aux plus sensibles. On y trouve des lettres de tueurs en séries, des cercueils d'enfants, des photos de scènes de crimes, des vidéos d'autopsie et la tête du tueur en série français Landru…

1

Icelandic Phallological Museum

REYKJAVIK – ISLANDE

Un musée du zizi ! Le conservateur de cette curiosité islandaise s'est mis en tête d'y réunir un pénis de chaque mammifère vivant en Islande.

7 INVENTIONS NÉES PAR ACCIDENT

7

Le micro-ondes

En 1945, Percy Spencer travaille dans une usine de magnétrons (un appareil indispensable aux radars). Un jour, en passant devant un magnétron en fonctionnement, il se rend compte que la barre de chocolat qu'il a dans la poche a fondu. Il en déduit que les ondes produites par le magnétron « chauffent ». Et voilà comment, en 1947, le premier micro-ondes était commercialisé. Bon, il faisait 1 mètre 80 de haut et pesait 340 kg mais c'était un début !

6

Le daguerréotype

Le daguerréotype est l'un des tout premiers procédés photographiques. Son inventeur, Louis Daguerre, se heurtait sans cesse au même problème : au bout de quelques temps, le contraste de la photo disparaissait et l'image avec… Un jour, il laissa une plaque dans une armoire pendant la nuit. Le lendemain, le résultat était parfait. Il retrouva quelques gouttes de mercure provenant d'un thermomètre cassé. C'était la clé : le mercure !

5 Le post-it

En 1968, le chimiste Spencer Silver travaille dans un labo américain ; sa mission : développer une colle extraforte à destination du marché aérien. Sauf que la colle qu'il développe a la caractéristique inverse : elle ne colle presque pas. On peut coller et décoller quelque chose sans laisser de traces. Un ami lui donnera l'idée d'en mettre sur du papier pour créer les post-it que nous connaissons. Pour l'anecdote, les premiers papiers étaient jaunes et la couleur est restée.

4 Le velcro

La grande bardane est une plante particulièrement embêtante qui s'accroche n'importe où. Dans les années 1940, un ingénieur suisse, Georges de Mestral, allait à la chasse puis passait toujours des heures à retirer la bardane restée accrochée dans les poils de son chien. L'idée du velcro était née ! Une bande de crochets élastiques et une autre de petites boucles. Il lui fallut dix ans pour mettre au point le système mais ça en valait le coup : aujourd'hui, son invention est partout ! Même dans l'espace !

3 Le stimulateur cardiaque

Dans les années 1950, Wilson Greatbatch travaillait avec des cardiologues sur une machine enregistrant les battements du cœur. Mais au moment de fabriquer son circuit imprimé, au lieu de mettre une résistance de 10 000 ohms, il en mit une d'1 million. Au lieu d'enregistrer des pulsations, la petite machine en produisit ! C'est en améliorant cette découverte qu'il créa le premier *pacemaker* permettant à un cœur fatigué de continuer à fonctionner.

2 Les chips

Le 24 août 1853, dans l'état de New York, le chef cuisinier Georges Crum est énervé à cause d'un client compliqué qui renvoie par deux fois en cuisine ses frites « trop épaisses » ! Pour se venger, le Chef coupe le plus finement possible des patates, les fait frire, y ajoute du sel et les apporte au client. Sauf que ce dernier adore ça et en redemande. Le lendemain, Georges les met à sa carte et ça devient le succès qu'on connaît.

1

Le viagra

Oui, le viagra a été inventé par erreur. Des chercheurs essayaient de mettre au point un médicament contre l'angine de poitrine. Mais, au moment de le tester sur des volontaires, ça ne marchait pas du tout. Un des effets secondaires de cette pilule était de très fortes érections… Joli retournement de veste !

7 des éruptions volcaniques les plus meurtrières

7

LE VÉSUVE ITALIE, 79

Au moins 3 360 morts, causées par une nuée ardente et des chutes de pierres.

6

LE MONT LAKI ISLANDE, 1783

9 350 morts, suite à la famine causée par la destruction des terres arables.

5

LE MONT UNZEN JAPON, 1792

14 300 morts, suite au tsunami causé par l'éruption.

4

LE NEVADO DEL RUIZ COLOMBIE, 1985

25 000 morts, suite à de gigantesques coulées de boue.

3

LA MONTAGNE PELÉE MARTINIQUE, 1902

29 025 morts, causées par une immense nuée ardente.

2

L'ÎLE DE KRAKATOA INDONÉSIE, 1883

36 417 morts, entraînées par une série de tsunamis consécutifs à l'éruption.

1

LE MONT TAMBORA INDONÉSIE, 1815

92 000 morts, car l'éruption entraîna la totale : nuées ardents, chutes de pierres, tsunamis, famine et épidémies.

7 sites archéologiques plus ou moins connus

7

CARNAC

Tout le monde connaît Stonehenge, ce monument mégalithique qu'on trouve en Angleterre. Mais saviez-vous qu'on trouve le même type d'agencement en Bretagne ? Ces mégalithes se trouvent à Carnac, dans le Morbihan et il y en a plus de 4 000 ! Elles sont difficiles à dater mais on estime que ces grosses pierres ont été érigées entre 5000 et 2000 avant J.-C. Certaines pèsent plusieurs tonnes, vous imaginez pour l'époque ?

6

PETRA

Petra, en Jordanie, est une ville antique connue pour être construite dans la roche. C'est ce qu'on appelle une ville troglodyte. On estime qu'elle fut fondée au VIIIe siècle avant J.-C. et qu'elle fut une plaque tournante du commerce au Moyen-Orient. Toutes les marchandises passaient par Petra. Mais en - 63, elle est conquise par l'Empire Romain qui créa de nouvelles routes maritimes et les marchandises ne passèrent plus par cette ville qui tomba dans l'oubli autour du Ve siècle.

5

LE MAUSOLÉE DE L'EMPEREUR QIN

À côté de la ville de Xi'an, en Chine, se trouvent deux sites archéologiques qui font partie du même complexe. D'un côté le tombeau de l'empereur Qin – encore scellé en attendant une technologie suffisante pour le préserver – et de l'autre la fameuse armée de terre cuite : 8 000 statues de soldats, taille réelle. Ils ont tous des visages distincts, sont peints et forment une véritable armée (archers, fantassins, cavaliers...). On estime que le chantier a duré 38 ans et employé plus de 700 000 ouvriers, rien que ça !

4

ANGKOR

Angkor, c'est LE symbole du Cambodge. C'est une cité antique gigantesque qui fut la capitale de l'empire Khmers du IVe au XVe siècle. À son apogée, la ville comptait au moins 750 000 habitants. Dans l'histoire, les gens qui y vécurent furent tour à tour hindouistes, puis bouddhistes, puis

hindouistes, puis bouddhistes... Si bien qu'on se retrouve avec des dizaines de temples aux architectures très variées, qui font notamment cohabiter des représentations de Bouddha avec des statues de Vishnu...

3

HERCULANUM

Vous connaissez forcément Pompéi, cette ville italienne rayée de la carte en 79 après J.-C. suite à une éruption du Vésuve. Mais connaissez-vous Herculanum ? En fait, l'éruption en question n'a pas seulement détruit Pompéi mais également Herculanum qui était son opposé : si Pompéi était un haut-lieu politique et commercial, Herculanum était un petit village de pêcheurs qui faisait office de station balnéaire pour les riches Pompéiens. On estime qu'un quart des vestiges a été fouillé. Et certaines maisons sont parfaitement conservées : mobilier et peintures murales !

2

NAZCA

Le peuple Nazca a vécu au sud-ouest du Pérou entre - 200 et 600 après J.-C. Cette zone est l'une des plus arides au monde, mais ces hommes avaient réussi à développer une agriculture intensive via un système d'approvisionnement en eau à base de puits très profonds et d'aqueducs souterrains encore utilisés aujourd'hui ! Ce qui nous intéresse, ce sont les gigantesques dessins tracés au sol qu'on appelle des géoglyphes. Il en existe des centaines et certains dépassent les 100 mètres de long. Même s'il existe certaines hypothèses, personne ne sait encore à quoi servaient ces dessins, seulement visibles de très haut.

1

NEWGRANGE

Newgrange est situé en Irlande. Il s'agit d'un tumulus gigantesque – une petite colline artificielle de terre et de pierre construite au-dessus d'une sépulture – et le truc fou, c'est son âge : on pense qu'il date de - 3200. C'est tout simplement 600 ans avant les grandes pyramides de Gizeh !

On peut se dire que, OK, les hommes de l'époque étaient des constructeurs hors-pair mais ça ne s'arrête pas là. Selon la société qui gère le site, tous les ans, le jour du solstice d'hiver – jour le plus court de l'année – au lever du soleil et pendant 15 minutes, un rayon lumineux pénétrerait directement dans la chambre centrale. L'agencement du bâtiment est donc d'une précision sidérante pour l'époque !

7 catastrophes naturelles meurtrières

7

2004, océan Indien
Séisme et tsunami
280 000 victimes

6

1839, Inde
Cyclone
300 000 victimes

5

1970, Bangladesh
Cyclone Bhola
375 000 victimes

4

1976, Chine
Séisme Tangshan
450 000 victimes

3

1556, Chine
Séisme Shaanxi
830 000 victimes

2

1887, Chine
Inondations
de la rivière Jaune
Entre 900 000
et 2 000 000
de victimes

1

1931, Chine
Inondations
Entre 1 000 000
et 2 000 000
de victimes

7 CHOSES INSOLITES TOMBÉES DU CIEL

7

Des cailloux

Une pluie de cailloux ! Quand on y pense, ce n'est pas vraiment étonnant. Il suffit de vivre à côté d'un volcan ! Par exemple, en 2013, une petite éruption de l'Etna a entraîné une pluie de cendres et de petits cailloux en Sicile !

Et bien évidemment, il ne faut pas oublier la possibilité de se prendre des météorites sur la tronche. C'est arrivé en 1954 à une Américaine qui faisait tranquillement la sieste quand une météorite de la taille d'un ananas a traversé le toit de sa maison avant de la percuter violemment au ventre.

6

Des débris spatiaux

Il n'y a pas que des météorites qui peuvent venir de l'espace. En 1957, le premier satellite artificiel est envoyé dans l'espace. Il s'agit de Spoutnik 1. Depuis, plus de 5 000 engins ont été envoyés dans l'espace. Entre les vieux satellites qui ne fonctionnent plus, ceux qui fonctionnent, les débris qui se créent à chaque mise en orbite, on estime à plus de 200 000 le nombre d'objets non naturels d'au moins 1 cm en orbite autour de la Terre. En 2009, deux satellites se sont d'ailleurs rentrés dedans. Et en 1997, une femme vivant dans l'Oklahoma a même reçu sur l'épaule un morceau de réservoir d'une fusée qui faisait dans les 15 cm.

5

Des bouts de viande

Le 3 mars 1876, plusieurs morceaux de viandes (mesurant en moyenne entre 5 et 10 cm) tombèrent du ciel sur une propriété du Kentucky. Deux hommes qui se trouvaient là décidèrent de goûter la viande et hésitèrent entre de l'agneau et du chevreuil... La seule explication scientifique valable à ce phénomène est un concours de vomi entre vautour ! Plus sérieusement, il n'est pas rare qu'un vautour qui se sente menacé décide de vomir une bonne partie de son repas. Il suffit donc que plusieurs vautours, au même moment, au

même endroit, décident de vomir en même temps et voilà, on explique ce phénomène... Ok, c'est un peu tiré par les cheveux, je vous l'accorde.

4

De la gelée d'étoiles

Le « star jelly » est une matière très étrange retrouvée à certains endroits de la planète. Il existe des dizaines de théories pour expliquer l'apparition de cette gelée translucide. Certains parlent d'amibes collectives – qui sont des organismes microcellulaires qui vivent en groupe et forment des espèces de masses gélatineuses –, d'autres de phénomènes paranormaux... Mais l'explication la plus cohérente mise sur des résidus de frais de batraciens. Le frai de grenouilles, c'est tout simplement la substance formée par les œufs qu'elles pondent. Le star jelly pourrait être la partie gélatineuse que des prédateurs recracheraient. De là à comprendre comment cela peut tomber du ciel, c'est une autre histoire... D'autant que des chercheurs ont indiqué n'avoir trouvé aucune trace d'ADN dedans...

3

Des vers

Il existe plusieurs histoires à travers le monde de vers tombés du ciel. En 2011, par un temps particulièrement clair, une centaine de vers est tombée sur le terrain de foot d'une école en Écosse sans que personne ne comprenne comment. De même, en Norvège, en 2015, des vers ont été trouvés vivants, sur de la neige. Bon, personne ne les a vu tomber du ciel mais ils ne pouvaient pas venir du sol car il y avait jusqu'à 1 mètre de neige par endroit. L'énigme reste inexpliquée...

2

Des poissons

Après les pluies de vers, les pluies de poissons. En 2014, au Sri Lanka, les villageois du district de Chilaw ont vu tomber du ciel des dizaines de kilos de petits poissons encore vivants. Bien sûr, ils se sont empressés de les récupérer pour les manger. Mais le truc fou, c'est que ce n'est pas un cas isolé. Dans le monde, il existe des dizaines d'histoires de pluies de poissons. En Australie par exemple, dans un tout petit village de 600 habitants situé en plein désert, des centaines de perches sont tombées un matin du ciel. Encore une fois, vivantes...

1

Des oiseaux

Un oiseau qui tombe du ciel, il ne fait qu'atterrir. Oui, mais non. Je ne vous parle pas d'un oiseau mais de plusieurs centaines d'oiseaux qui tombent raides morts au sol en même temps, au même endroit. Fin 2006, des milliers d'oiseaux sont retrouvés morts en Australie. Deux semaines plus tard, la même chose se produit à Austin, au Texas : des gens retrouvent des dizaines d'oiseaux morts dans leurs jardins. Personne ne sait trop comment ces événements arrivent : nuages toxiques ? désorientation des oiseaux ? vents trop violents ?

En 1973, en Arkansas, des canards morts sont tombés du ciel, congelés. Les scientifiques estimèrent qu'une grosse tornade avait dû aspirer des dizaines de canards et les faire monter si haut dans le ciel qu'ils sont tout simplement morts de froid.

Bien souvent, les pluies d'animaux (vers, poissons, grenouilles, etc.) s'expliquent par des phénomènes météorologiques comme de forts vents qui se créent à un endroit, « aspirent » des animaux et les rejettent plus loin, parfois à des centaines de kilomètres de leur point de départ.

7 FRUITS MÉCONNUS

Des variétés de fruits méconnus, souvent exotiques, ne sont pas encore disponibles sur nos étals. Soit parce qu'ils se conservent mal durant le transport, soit parce que leur production n'est pas intensive. Certains gagnent à être connus de par leurs qualités (pas toujours gustatives) et leur originalité.

7

La pomme cannelle (Attier)

ANNONA SQUAMOSA

Il s'agit d'un fruit très sucré qui n'a pas grand chose à voir avec la pomme si ce n'est une forme ronde. Ce fruit pousse dans les régions tropicales et équatoriales, de l'Amérique du Sud à l'Asie en passant par l'Afrique. Il est entouré de ce qui ressemble à des écailles mais la chair blanche qui s'y trouve est succulente et fait de ce fruit un incontournable des marchés tropicaux.

6

La fraise de Chine (Yangmei)

MYRICA RUBRA

La fraise de Chine n'est pas une fraise ! Non, elle pousse sur un arbre d'une quinzaine de mètres de haut, qui se plaît dans les régions subtropicales de l'Asie du Sud-Est.

Le fruit ressemble au litchi, par sa taille et sa couleur, rouge foncé comme lui, avec un gros noyau. Sa pulpe est très sucrée. On le consomme frais, séché ou infusé dans de l'alcool. J'ai déjà vu ce fruit en France métropolitaine mais bien trop rarement !

L'aki

5

L'aki

BLIGHIA SAPIDA

Ce fruit est originaire d'Afrique mais il est principalement cultivé dans les Caraïbes où il a certainement été importé au temps de l'esclavage. En Jamaïque, il fait même partie du plat national : l'aki

à la morue. Le fruit s'ouvre à maturité pour révéler de grosses graines noires recouvertes d'une chair blanche. C'est cette chair, appelée « arille », qui est consommée comme légume. Le reste du fruit est très toxique et entraîne, si on le consomme, la « maladie des vomissements de la Jamaïque » qui, rien que par son nom, ne donne pas vraiment envie de s'y risquer...

4

Le fruit du palmier-bâche (Aguaje)

MAURITIA FLEXUOSA

Le palmier-bâche est un arbre présent dans le nord de l'Amérique du Sud. Son fruit est très intéressant par sa composition. Il est bourré de phytoestrogènes. En consommer augmenterait le taux d'œstrogènes et offrirait aux femmes des courbes plus rebondies. Des compagnies pharmaceutiques le proposent d'ailleurs en comprimés. Sauf que... Sauf que les effets des phytoestrogènes sur la femme n'ont jamais été prouvés et les études se contredisent toutes les unes les autres...

3

La main de Bouddha

CITRUS MEDICA VAR. SARCODACTYLIS

Ce citron jaune, un cédratier plus précisément, pousse principalement en Asie. Il ne contient pas de pulpe, ni de jus, uniquement de la chair. On le reconnaît à ses excroissances qui ressemblent à des doigts. En dehors des offrandes dans certains temples bouddhistes, on

voir page suivante

La main de Bouddha

Le cupuaçu

s'en sert pour décorer et parfumer les pièces. Sa chair n'étant pas amère comme celles des citrons jaunes habituels, on peut l'utiliser en salade ou pour parfumer certains plats. Pourquoi ne pas essayer d'en faire pousser? Sa culture en France est possible, et l'arbre est plus petit que les autres citronniers (moins de 3 mètres)!

2 Les Dead man's fingers

DECAISNEA FARGESII

Littéralement « les doigts du cadavre ». On comprend pourquoi en français on utilise son nom scientifique, *Decaisnea fargesii* – certains le surnomment « haricot bleu ».

Ce fruit provient de Chine et la coque dans lequel il se trouve est juste incroyablement bleutée. Dans les pays occidentaux, ce fruit est souvent utilisé comme décoration pour Halloween. Les graines sont entourées d'une pulpe consommable dont le goût peut rappeler celui de la pastèque.

1 Le cupuaçu

THEOBROMA GRANDIFLORUM

De la même famille que le cacao (*Theobroma cacao*), cet arbre vit dans les sous-bois des forêts chaudes et humides équatoriales et tropicales. Originaire du Brésil, il pousse également en Guyane Française, au Surinam, au Pérou, en Colombie, etc. Le fruit est circulaire, lourd (jusqu'à 2 kilos) et doit être ouvert... à la scie. Oui, il est plutôt résistant!

On consomme la pulpe jaunâtre qui entoure les graines, principalement pour en faire du jus, de la crème, des gâteaux... Les graines, comme celles du cacao, sont broyées pour former un beurre utilisé pour hydrater la peau. Il est en train de devenir un « super fruit », un fruit à la mode dont les qualités nutritionnelles font fureur!

7 collections insolites

7

DE CARTES JOKER

Un jokérophile est un collectionneur de cartes joker. Et figurez-vous qu'il y en a des centaines dans le monde. Un site recense même les plus gros collectionneurs par pays *(http://www.mmj.pl/~joker/links.htm).*

Si on se fie au Guinness des records, la plus grande collection de cartes joker appartient à Tony de Santis, un illusionniste italien. Elle compterait plus de 8 500 pièces.

6

DE OUIJAS

Vous connaissez les ouijas ? Ces plateaux en bois avec des lettres et des chiffres qui serviraient à communiquer avec l'au-delà lors des séances de spiritisme...

Et oui, des gens ont décidé de collectionner ces accessoires plutôt lugubres. Au point d'en réunir des centaines au sein d'un musée : le Museum of Talking Boards.

5

DE SACS À VOMI

Avez-vous déjà pris l'avion ? Si oui, avez-vous déjà eu envie de vomir pendant le vol ? Si oui, vous devez certainement connaître l'existence des sacs à vomi, présents dans la majorité des avions. Certains y ont trouvé une toute autre utilité : un Néerlandais, Niek Vermeulen, possédait ainsi, en 2012, la plus grosse collection avec 6 290 sacs à vomi.

4

DE CHEVEUX

Pendant l'époque victorienne, lorsque des gens voyaient des personnes célèbres, elles ne leur demandaient pas un autographe mais une mèche de cheveux. De nos jours, un homme, John Reznikoff, perdure cette « tradition ». Il a, selon le Guinness des records, la plus importante collection de cheveux de personnes célèbres avec des pièces provenant d'Abraham Lincoln, Marylin Monroe, Beethoven ou même Napoléon !

3

DE PELUCHES DE NOMBRIL

Désolé, on reste sur un sujet pas vraiment ragoûtant... Les peluches de nombril, ce sont les résidus qui se logent dans le nombril de certaines personnes au cours de la journée. Et non, il ne s'agit pas uniquement de fibres textiles. On peut aussi y trouver des poils, des peaux mortes, etc. Et un homme, Graham Barker, a décidé de collectionner les siens. Généralement, une collection, c'est impressionnant en taille... Là, au moins, la sienne ne tient que dans quelques bocaux !

2

DE CÔNES DE SIGNALISATION

David Morgan a tout simplement la plus grande collection de cônes de signalisation au monde. Il en aurait plus de 500 à l'heure actuelle dont quasiment tous les types existant en Angleterre, son pays d'origine. Au moins, il a une belle éthique : il remplace à chaque fois un cône qu'il prend sur un chantier ou sur une route par un autre neuf. Bah ouais, on ne rigole pas avec la sécurité !

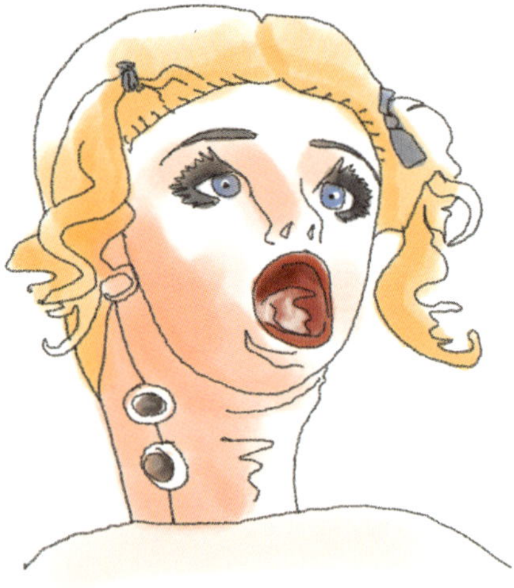

1

DE POUPÉES GONFLABLES

240 poupées ! Lizzie et Bob Gibbins, un couple de Britanniques, ont une collection de 240 poupées gonflables qui décorent l'intérieur de leur maison. Ils leur donnent des noms, les habillent et les emmènent parfois à l'extérieur de leur domicile. Je pense que Lizzie est sans doute la femme la plus compréhensive du monde !

Il existe un article sur Wikipédia qui répertorie le nom de chaque collection. On y apprend par exemple qu'un collectionneur de pots de chambre s'appelle un pissadouphile, qu'un collectionneur de buvards publicitaires s'appelle un papibeverophile et qu'un ovokindersurprisophile collectionne les jouets Kinder !

7 objets cultes des années 1980

7

LE RUBIK'S CUBE

Le casse-tête absolu

Tout le monde connaît ce petit cube de plastique dont il faut ordonner les six couleurs, créé en 1974 par Ernő Rubik. Il devient très tendance dans les années 1980, aussi populaire chez les jeunes que chez les adultes. D'ailleurs, sans compter les ventes de contrefaçons, le cube se serait vendu à 300 millions d'exemplaires. Il existe encore des championnats de nos jours et tout un tas de sites dédiés à sa résolution ! D'ailleurs, en 2015, le record de résolution de ce casse-tête est pulvérisé par Lucas Etter, un jeune américain qui a résolu le cube en moins de 5 secondes !

6

LES JELLIES

Alias les méduses !

Les chaussures en plastique Jellies ont été portées par des millions d'enfants dans les années 1980 ! Pratiques l'été pour se baigner sans se blesser les pieds, on pouvait les acheter avec des parfums comme la fraise. Bien que de nombreuses marques aient vendu ces chaussures en plastique bon marché, c'est la famille Hagg, propriétaire de la marque Grendha, qui en vendit le plus.

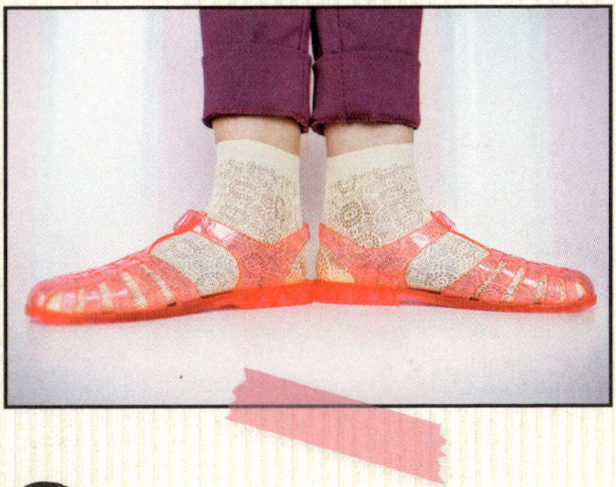

5

LE TRIVIAL PURSUIT

Ou comment flinguer une bonne soirée entre potes

LE jeu par excellence des années 1980. Trivial Pursuit est le 3e jeu de société le plus vendu au monde après le Scrabble et le Monopoly. Créé en 1979 par deux Québécois, distribué par la société Hasbro, il est d'abord commercialisé en France sous le nom de « remue-méninges ». Depuis sa création, ce jeu décliné en 14 langues a été vendu à plus de 70 millions d'exemplaires.

4

LES BONBONS PEZ

Le bonheur des caries

Les Pez, ces petits bonbons plats, sont rangés dans un distributeur-jouet dont on actionne la tête en forme de bestiole pour les libérer. Ces distributeurs sont de nos jours considérés comme des objets de collection car une quantité incroyable de designs ont vu le jour. Mais les bonbons existent toujours ! Créés à Vienne, ils sont fabriqués dans leur forme actuelle depuis les années 1950 aux États-Unis, mais c'est dans les années 1980 qu'ils connaissent un grand succès. C'est d'ailleurs durant cette décennie qu'on leur ajoute des pieds afin qu'ils tiennent mieux debout.

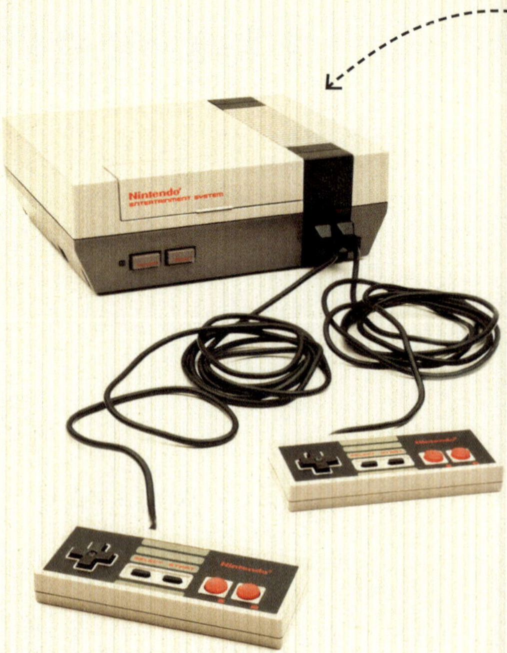

3

L'APPLE II

Le papy de l'iPhone

Créé par Steve Wozniak en 1977, l'Apple II est le premier ordinateur personnel de la marque à être vendu à grande échelle. Il coûtait 1 298 $ (ce qui équivaut à peu près à 4 700 € actuels). Deux ans plus tard sort l'Apple II + qui fit un véritable carton : il contenait en un bloc un écran de télévision, un clavier et même un lecteur de disquettes. Pendant les années 1980, la gamme des Apple II permit de démocratiser les ordinateurs chez monsieur Tout-le-monde et même si ce phénomène s'est surtout ressenti aux États-Unis, l'impact est tel que cet ordinateur est un objet culte des années 1980.

2

LA NES

What else ?

Comment parler des années 1980 sans parler de la NES (Nintendo Entertainment System), sortie fin 1987 en France ? La NES, ce sont des chiffres énormes : 60 millions de consoles vendues dans le monde, 500 millions de jeux dont 40 millions de Super Marios Bros !

Les autres jeux les plus vendus sont Duck Hunt ou encore... Super Mario Bros 3. À noter qu'au Japon, la NES s'appelle Famicom (Family computer) et n'a absolument pas la même tête !

1

LE WALKMAN

La vie en clip

Écouter de la musique tout en marchant dans la rue, est-ce que vous imaginez la révolution du truc à l'époque ? Avant le Walkman, on ne pouvait tout simplement pas faire ça. Bon ok, la qualité n'était pas géniale, c'était sur cassette et à piles... mais quand même, pour l'époque, c'était dingue ! C'est un Allemand qui invente le concept en 1977. Sony rachète le brevet et commercialise le tout premier Walkman en 1979. Et en 1984, ce sera au tour du Discman de révolutionner l'industrie !

7 FILMS QUE VOUS NE VERREZ JAMAIS

7

Something's got to give

George Cukor (1962)

Something's got to give est très célèbre car c'est le dernier film dans lequel Marilyn Monroe tourna. Elle meurt quelques mois après avoir été virée du plateau. Dommage, car l'histoire était plutôt cool : une maman de deux enfants, mariée, disparaît pendant cinq ans. Elle est déclarée morte et lorsqu'elle rentre chez elle, elle découvre son mari avec une nouvelle femme. Ce film s'annonçait novateur. Une scène de piscine où Marilyn était dénudée aurait été la première scène de nu intégral aux États-Unis.

Mais ce tournage est un cauchemar. Marilyn est malade, elle a beaucoup maigri et se rend sur le plateau épisodiquement. Finalement, après sa mort, la production reprend, mais sous le nom de *Move over, Darling*, et avec des acteurs différents. Si ça vous intéresse, un montage des 37 premières minutes du film existe !

6

The day the clown cried

Jerry Lewis (1972)

L'histoire de ce film est tragique : Helmut Dorque est un clown arrêté par la Gestapo pour s'être moqué d'Hitler lors d'une représentation. Il se retrouve enfermé comme prisonnier politique dans un camp de concentration et s'amuse à faire rire les enfants. Dans la scène de fin, terrible, il accompagne les enfants dans la chambre à gaz et les divertit jusqu'à la fin.
Ce film était vraiment très important pour son réalisateur et acteur principal : Jerry Lewis. Mais le producteur du film lâchera Lewis en cours de route. Ce dernier continua le tournage en payant tout de sa poche. Finalement, la co-auteure du film conserve les droits car Lewis ne l'aurait jamais payée. Pour l'époque, ce film était très tabou, ce qui n'aida pas. Pour en savoir plus, la BBC a sorti en janvier 2016 un documentaire d'une trentaine de minutes sur le film.

5

Kaléidoscope (Frenzy)

Alfred Hitchcock (1967)

Au moment où Hitchcock se lance dans ce projet, ses deux précédents films ont fait un bide qui ne donne pas franchement confiance à ses producteurs. Il n'est donc pas totalement libre de ses décisions sur ce nouveau projet, intitulé d'abord *Frenzy* puis *Kaléidoscope*, qui est censé raconter l'histoire vraie du tueur anglais Neville Heath qui assassina deux femmes et fut exécuté en 1946 à Londres. Hitchcock veut s'approcher d'un film indépendant (acteurs inconnus, lumière naturelle, etc.). Il repère les lieux, commande des portraits de femmes, filme même quelques essais muets mais les studios refusent net : trop violent, trop tordu... Et ce n'est pas le seul projet avorté de Hitchcock, il y en aurait au moins 19 autres !

4

The Freak

Charlie Chaplin (1969)

En 1969, Chaplin commence à écrire le scénario de *The Freak*. *Le monstre* (en français) est une créature féminine ailée d'origine sud-américaine qui est capturée par un professeur au Pérou puis rapatriée en Europe où elle doit guérir les visiteurs avec ses pouvoirs magiques. N'en pouvant plus, elle s'enfuit pour rentrer chez elle mais meurt au-dessus de l'Atlantique. C'était le projet ultime de Chaplin qui commence à l'écrire depuis sa maison en Suisse, déjà très âgé. Peu avant sa mort en 1977, ce projet dont sa fille Victoria (18 ans alors) devait incarner le personnage ailé est abandonné. Chaplin est tout simplement trop vieux. Il existe toutefois quelques éléments provenant de ce film comme les ailes créées pour l'occasion et même un extrait d'un test de la scène finale, où Victoria s'effondre dans le jardin des Chaplin (tenant lieu d'Atlantique). D'ailleurs, pour les lecteurs suisses, le Musée Chaplin a ouvert ses portes au Printemps 2016 à Corsier-sur-Vevey !

3

Napoléon

Stanley Kubrick (à partir de 1968)

L'histoire de Napoléon, de son enfance à sa mort. Tout ça, raconté en trois heures par l'un des plus grands réalisateurs de tous les temps. Ça aurait été un truc de fou ! Kubrick était fasciné par Napoléon au point d'être obnubilé par la réalisation de ce film, celui qui devait être son chef-d'œuvre. Il avait récupéré des milliers de documents sur Napoléon, lu énormément de bouquins, fait des repérages partout en Europe, organisé des essayages de costume... Chaque personnage avait une fiche retraçant sa vie dans les moindres détails. Finalement, la MGM, qui devait le produire, abandonna le projet. Trop grand, trop démesuré, trop ambitieux... Kubrick, qui mourut en 1999, n'aura jamais vu naître son rêve...

2

Dune

Alejandro Jodorowski (1975)

Il est impossible de résumer l'histoire de Dune, qui est en fait l'adaptation de la série de romans du même nom, l'une des plus grandes œuvres de science-fiction.

Jodorowski, c'est un gars à part. Ses deux précédents films sont très contemporains et très à l'ouest. Dune était censé être le plus grand film de tous les temps. Des vaisseaux spatiaux, des planètes, des décors hallucinants, des costumes par centaines, et tout ça plusieurs années avant que

Star Wars ne sorte ! De très grands noms sont associés au projet : Orson Welles, Mick Jagger, Amanda Lear, et même Salvador Dalí, qui accepta de jouer un petit rôle à condition d'être payé 100 000 $ la minute ! Pink Floyd était censé interpréter la musique. Finalement, après avoir créé le film sur papier (*storyboard* de chaque plan, dessin de chaque costume et décor), le projet s'arrête là, faute de financement...

En mars 2016 est sorti le documentaire *Jodorowsky's Dune*, qui retrace la pré-production de ce film légendaire. Un « must see » !

1

The man who killed Don Quixote

Terry Gilliam (2000)

Ce film est maudit... Pendant dix ans, Terry Gilliam travaille sur son Don Quichotte. Hollywood refuse de le produire donc le réalisateur se tourne vers l'Europe et parvient à réunir 32 millions de dollars, ce qui fait de l'œuvre l'un des films européens les plus chers jamais produit. Les acteurs principaux sont Jean Rochefort, Johnny Depp et Vanessa Paradis. Dès le premier jour de tournage, les ennuis commencent : des avions militaires empêchent une bonne prise de son. Puis, en plein désert, des pluies torrentielles emportent le matériel et transforment le décor sec en un milieu boueux impraticable. Ensuite, l'acteur principal, Jean Rochefort, ne peut plus tourner à cause d'une double hernie discale qui l'empêche de monter à cheval... Les ennuis s'enchaînent et le film est abandonné. Cette histoire est rentrée dans la culture populaire grâce au documentaire *Lost in la Mancha* qui devait à l'origine faire office de making-of du film et qui sortit finalement en salle en 2002. On voit dans ce documentaire la descente aux enfers du film et c'est franchement dramatique. Au moment où j'écris ces lignes, une nouvelle tentative de tournage serait en route. Croisons les doigts !

7 mots étrangers intraduisibles en français

7

Awkward

DE L'ANGLAIS

Selon le contexte, *awkward* peut vouloir dire gênant, bizarre, mal à l'aise, ou bien décrire une situation ou un échange qui créent le malaise. Vous savez, ce moment où l'on dit bonjour à quelqu'un de la main en pensant le reconnaître alors que non, c'est juste un inconnu ? Ça, c'est complètement *awkward* !

6

Toska

DU RUSSE

Toska est un de ces mots très difficiles à traduire car définissant une émotion, une sensation. *Toska* évoque une espèce de nostalgie, une impression de manque sans forcément savoir de quoi exactement. Un gros vide en soi, qui fait souffrir mais dont on ignore l'origine... Pas fun comme mot !

5

Gökotta

DU SUÉDOIS

Ce mot veut tout simplement dire « se lever très tôt le matin pour aller dans les bois et écouter le premier chant des oiseaux » . J'ai juste une question : qui se lève très tôt le matin pour aller dans les bois écouter le premier chant des oiseaux ? Non mais sérieux ?!

4

Komorebi

DU JAPONAIS

Komorebi est pour moi le plus joli mot de cette liste. Il désigne les rayons de soleil qui filtrent à travers les branches des arbres. Je ne sais pas pourquoi mais je trouve ce mot très romantique !

3

Pålegg

DU NORVÉGIEN

On rentre dans le domaine culinaire. *Pålegg* désigne n'importe quel aliment qui peut se mettre sur une tranche de pain pour en faire une tartine (beurre, fromage, jambon, confiture, etc.). En gros, au lieu de dire : « tu veux quoi sur ton pain », on te demande : « Quel pålegg veux-tu ? » Un mot bien utile quoi !

2

Iktsuarpok
DE L'INUIT

Encore un mot qui définit une émotion, un sentiment. *Iktsuarpok*, c'est l'excitation qui pousse à sortir de chez soi pour voir si quelqu'un arrive pour nous rendre visite.

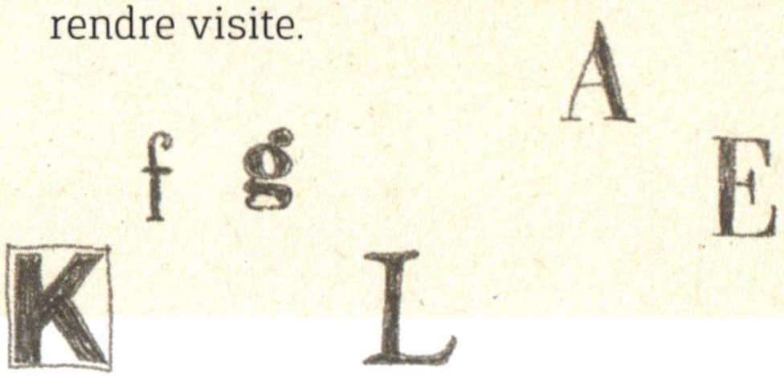

1

Talikogenic/Layogenic
DU TAGALOG
(LANGUE DES PHILIPPINES)

Ces deux mots sont de loin mes préférés. Ils dérivent tous les deux du mot anglais « Photogenic » et de deux préfixes différents : *Talikod*, qui veut dire « montrer son dos » et *Layo* qui veut dire « loin ».

Talikogenic désigne donc une personne belle uniquement de dos et *Layogenic* désigne une personne belle de loin (mais de moins en moins à mesure qu'elle se rapproche !). Deux mots à manier avec précaution en situation de drague quoi...

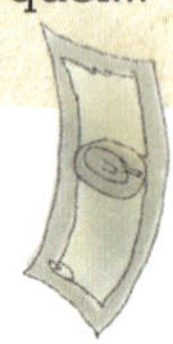

7 des jeux vidéo les plus chers à produire

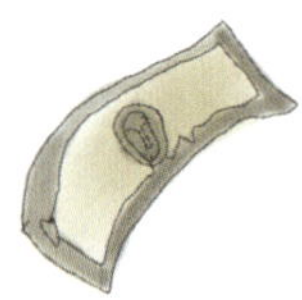

7

GRAND THEFT AUTO IV (2008)

PS3 – Xbox 360 – PC :
110 000 000 $

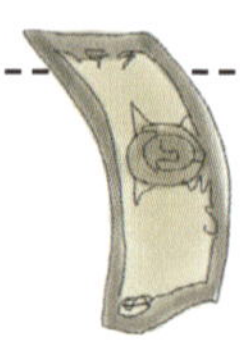

6

DESTINY (2014)

PS3 – PS4 – Xbox 360 – Xbox One :
140 000 000 $

5

SHENMUE II (2001)

Dreamcast – Xbox :
176 000 000 $

4

STAR WARS : THE OLD REPUBLIC (2011)

PC : **210 000 000 $**

3

FINAL FANTASY VII (1997)

PC – PS1 – PS3 – PS4 – PS Vita : **213 000 000 $**

2

GRAND THEFT AUTO V (2013)

PC – PS3 – PS4 – Xbox 360 – Xbox One : **268 000 000 $**

1

CALL OF DUTY : MODERN WARFARE 2 (2009)

PC – PS3 – Xbox 360 : **275 000 000 $**

7 parcs d'attractions insolites

7

THE HOLY LAND EXPERIENCE (États-Unis) Retour à Jérusalem

Ce parc se trouve à Orlando, en Floride (pas loin de Disney World). Selon ses créateurs, il s'agit d'un « Musée biblique vivant ». Vous y trouverez des répliques de lieux saints tels que le tombeau de Jésus ou encore des spectacles live comme la Passion du Christ dans un auditorium gigantesque ! Une chaîne de télé chrétienne, Trinity Broadcasting Network, émet même ses émissions depuis le parc !

6

WUNDERLANDKALKAR

(Allemagne)

Bienvenue à Tchernobyl World !

Près de Düsseldorf, ce parc d'attractions a été fondé en 1995 sur les lieux d'une ancienne centrale nucléaire construite dans les années 1970 ! Bon, elle n'a jamais été mise en service et n'est donc pas radioactive, mais vous pourrez, en plus d'attractions plus classiques, visiter l'intérieur d'une tour de refroidissement et même en escalader l'extérieur !

5

DIGGERLAND

(Angleterre)

Le bonheur des petits garçons

Réparti sur 4 sites en Angleterre, ce parc a comme thème les machines de chantiers : pelles et camions-bennes se transforment en manège. Le karting est remplacé par de mini landrovers et on s'assoit dans le godet d'une pelle pour être balancé de gauche à droite. Les enfants peuvent aussi par exemple se mettre au volant de machines adaptées à leur taille, comme des mini tracteurs ou des mini camions-bennes ! On adore !

4

LOVE LAND

Île de Jeju (Corée du Sud)

Interdit aux moins de 16 ans !

L'île de Jeju, à une heure d'avion de Séoul, possède un tas d'attractions, comme le musée des ours en peluche ou la visite de caves de lave souterraines. Mais son attraction phare est Love Land. Alors, ok, il n'y a pas de manège à proprement parler dans ce parc pour adultes, mais on y retrouve des sculptures sympas représentants des couples occupés à essayer diverses positions de kama-sutra, des phallus géants. Même la poignée des toilettes a une forme... originale !

3

BONBONLAND
(Danemark)
Le parc du mauvais goût

Ce parc, situé à une centaine de kilomètres de Copenhague, a été créé en 1992, la même année que Disneyland Paris, par un fabricant de bonbons qui voulait promouvoir sa marque. Oh mon dieu, ce que c'est kitch et de mauvais goût. C'est un parc plutôt traditionnel à l'exception de la décoration… bah oui, on ne voit pas tous les jours la statue d'un chien qui fait caca, d'un rat qui vomit, d'une fourmi qui urine ou encore d'une vache qui tient entre ses pattes ses seins… humains !

2

DWARF KINGDOM
(Chine)
Le paradis des tout-petits…

Dans la ville de Kunming, en Chine, on peut se rendre dans ce parc d'attractions très particulier. Le site est conçu comme un univers merveilleux où une centaine de personnes déguisées font des représentations au milieu de petites maisons de fées et de champignons. Et oui, vous avez bien compris, la quasi totalité des employés de ce parc sont des nains. C'est étrange mais ce parc est très bien vu en Chine où il permet de donner du travail à des gens qui ont bien souvent du mal à en trouver.

1

STALIN'S WORLD
(Lituanie)
Le bon vieux temps (ou pas)

Une journée en Union soviétique, ça vous tente ? Ce parc, créé en 2001, comporte un parcours censé vous plonger dans le passé, histoire de revivre l'ambiance de la période stalinienne. Au détour d'une allée de statues de l'époque communiste récupérées par le créateur du parc, on découvre des miradors, des bureaux d'époque, un petit zoo, ou encore un restaurant qui saura vous servir les meilleurs plats du temps de Staline ! Franchement, ça a l'air cool ! Glauque, mais cool !

7 PHOBIES HORS DU COMMUN

7
La téléphonophobie
La peur de répondre au téléphone

6
La coulrophobie
La peur des clowns

5
L'anuptaphobie
La peur du célibat

4
L'ithyphallophobie
La peur de pénis en érection
(Et le pire, c'est que ça touche aussi certains hommes)

3
L'apopathodiaphulatophobie
La peur d'être constipé

2
L'alopophobie
La peur des chauves

1
La phobophobie
La peur d'avoir peur

Vous imaginez quelqu'un qui a peur d'avoir peur de répondre au téléphone à un clown chauve en érection ?

7 inventeurs tués par leur invention

7

L'inventeur de l'aérowagon

L'ANCÊTRE DU TGV

Valerian Abakovski, né à Riga en Lettonie en 1895, crée très jeune un prototype ingénieux : un train à grande vitesse muni d'une grande hélice sur le devant et d'un moteur d'avion. En 1921, il invite pour son voyage d'inauguration entre Tula et Moscou un groupe de sympathisants bolcheviks. Lors du voyage retour, le train déraille et tue 6 passagers, dont le pauvre Valerian.

6

L'inventeur de la méthode de torture des 5 douleurs

TEL EST PRIS QUI CROYAIT PRENDRE

Chancelier de la Dynastie Qin durant le IIIe siècle avant Jésus-Christ, Li Si est un homme lettré qui mit au point une technique de torture baptisée « des 5 douleurs » : elle consiste en une mort lente, en plusieurs étapes. Le front est d'abord marqué au fer rouge, le nez est coupé, puis les pieds. S'ensuit une éviscération et enfin la mise à mort est effectuée en coupant le corps en deux. C'est pas du tout barbare ! Quoi qu'il en soit, à la suite de divers trahisons politiques, le pauvre Li Si connaîtra le sort qu'il avait lui-même imaginé...

5

Les inventeurs de la bombe atomique

LES EFFETS DE LA RADIATION ENCORE MAL CONNUS

Le Manhattan Project désigne un groupe de physiciens américains, anglais et canadiens ayant travaillé dans les années 1940 à la mise au point de la bombe atomique. Plusieurs scientifiques ont succombé au syndrome d'irradiation aiguë, contracté à la suite d'accidents de criticité (libération fortuite d'énergie due à une réaction en chaîne de fissions). Par exemple, Harry Daghlian est mort le 21 août 1945, seulement 25 jours après avoir été irradié pendant une expérience qui a mal tourné. Idem pour Louis Slotin, un Canadien décédé seulement 9 jours après une exposition accidentelle, le 30 mai 1946.

4

L'inventeur d'une presse rotative à bobines de papier

NE DONNE PAS DE COUP DE PIED !

Qu'est-ce que c'est que ce truc… Dans les années 1860, l'inventeur américain William Bullock parvient à améliorer considérablement le système d'impression de journaux en automatisant les machines, une véritable révolution. Sauf qu'en 1867, en installant une de ses machines, il donne un coup de pied sur une pièce qu'il voulait remettre en place. Manque de chance, il se casse la jambe, et à l'époque, la médecine, c'est pas encore génial. Quelques jours plus tard, une gangrène se déclare et William doit se faire amputer : il meurt pendant l'opération.

3

L'inventeur du costume parachute

UN MORT SOUS LES CAMÉRAS

L'homme-volant est probablement un fantasme partagé pas tous les hommes depuis l'aube de l'humanité. À partir de 1910, Franz Reichelt, un tailleur d'origine autrichienne naturalisé français, commence à travailler sur un prototype de costume parachute. Pour voler, il lui suffira (théoriquement) d'écarter les bras. En 1912, il teste publiquement son invention. L'événement a lieu sur la tour Eiffel et est immortalisé par des caméras. Après une quarantaine de secondes d'hésitation compréhensibles, il s'élance du premier étage de la Tour Eiffel culminant à 57 mètres. Hélas, son parachute ne s'ouvre pas et Franz s'écrase au sol.

2

L'inventeur du taxi volant

LA SCIENCE-FICTION DEVIENT RÉALITÉ. ENFIN PRESQUE.

Le Jetpod était censé être à mi-chemin entre l'avion et la voiture volante. Il avait été conçu dans le but de servir d'espèce de taxi volant, bien utile dans les grandes villes. Il devait être produit par une société basée à Londres. Il pouvait transporter jusqu'à 6 passagers et sa vitesse de croisière devait être de 550 km/h. J'utilise le passé car son inventeur, Michael Robert Dacre,

un Anglais basé en Malaisie, s'est tué dans un prototype pendant un test en 2009. C'est dommage, j'aimais bien l'idée, moi !

1

L'inventeur de l'aéro-montgolfière

UN ESSAI AU-DESSUS DE LA MANCHE

À la fin du XVIIIe siècle, Jean-François Pilâtre de Rozier est un homme extraordinaire : chimiste, aéronaute et surtout l'un des premiers navigateurs aériens. Il participe notamment à l'organisation du premier vol humain dans le ballon des frères Montgolfier en 1783. Mais il veut aller plus loin. Il invente donc en 1784 une aéro-montgolfière : en gros, un ballon fonctionnant à l'air chaud ET au gaz, histoire de parcourir de longues distances. Le 15 juin 1785, il tente la traversée de la Manche ; hélas, au bout de 5 km au-dessus de la mer, des vents violents le ramène sur Terre et le ballon s'écrase. Les deux hommes qui se trouvaient à bord (Jean-François et un ami) furent donc les premières victimes de l'air.

7 NOMS D'ESPÈCES SCIENTIFIQUES... MAIS PAS QUE

Lorsqu'un scientifique identifie une espèce jusque-là inconnue, il est libre de lui donner le nom qu'il souhaite, en suivant bien sûr l'ordre établi par le code international de Nomenclature : ordre, famille, genre, espèce. Parfois, certains biologistes font preuve d'un humour savoureux en accolant au nom du genre imposé par la nomenclature scientifique des noms plus fantaisistes.

7

Ninjemys oweni

(Woodward, 1881)

Cette énorme tortue préhistorique a en fait été découverte par un scientifique du nom de Richard Owen (mais décrite par Arthur Woodward). Elle s'appelait à la base *Meiolania oweni*, mais depuis 1992, elle a été renommée *Ninjemys oweni* en l'honneur... des Tortues Ninja !

6

Vini vidivici

(Steadman & Zarriello, 1987)

Cette petite espèce d'oiseau que l'on trouvait autour des îles Cook est visiblement éteinte depuis au moins 700 ans. Le genre de l'oiseau étant *Vini*, les deux scientifiques qui l'ont décrit se sont amusés avec la fameuse expression « Veni Vidi Vici »– je suis venu, j'ai vu, j'ai vaincu – attribuée à César pour saluer sa dernière campagne militaire éclair réussie en 47 avant J.-C..

5

Calponia harrisonfordi et *Pheidole harrisonfordi*

(Platnick, 1993/Wilson, 2002)

Oui, l'acteur américain Harrison Ford a respectivement une espèce d'araignée de Californie et de fourmi d'Amérique centrale nommées en son honneur. Franchement, ça claque !

4

Scaptia beyonceae
(Lessard, 2011)

Ce taon australien a été découvert en 1981 mais seulement décrit en 2011. Sa particularité ? Il a le bout de l'abdomen doré qui le met bien en valeur… On comprend rapidement d'où vient l'inspiration de son nom !

3

Colon rectum
(Hatch, 1933)

Merci à Melville Harrison Hatch pour cette petite touche d'humour datant de 1933 et consistant à nommer ainsi un tout petit scarabée de la famille des Leiodidae !

2

Agra cadabra
(Evrin, 1986)

Terry Erwin est un grand spécialiste du genre Agra, qui fait partie des carabes (famille des coléoptères). C'est simple, au sein de ce genre, il a découvert des dizaines d'espèces ! Du coup, il s'est amusé. On trouve par exemple *Agra cadabra*, *Agra vation*, *Agra winnie* ou encore *Agra yoda* !

1

Phorotrophus cyranodebergeraci
(Maquart, Rousse & Van Noort, 2014)

C'est une espèce de guêpe décrite par un très bon ami à moi : Pierre Olivier Maquart. D'ailleurs, ce n'est pas la seule espèce qu'il a nommée humoristiquement. On peut aussi citer *Phorotrophus youpi* qui était sa toute première description. Forcément, il était content !

7 naufrages flippants

7

LE GEORGES PHILIPPAR (1932)

UN NAUFRAGE PROVOQUÉ ?

Albert Londres est un reporter français très célèbre. C'est lui qui, au début du XXe siècle, dénonce le bagne en Guyane et provoque une prise de conscience qui amorcera sa suppression. En 1932, il est à bord du Georges Philippar qui fait la traversée Shangaï-France. Au large du Yémen, un terrible incendie dévaste le bateau. On dénombrera 54 victimes sur les plus de 750 personnes à bord. Parmi ces victimes se trouve Albert Londres. Nombreux sont ceux qui estiment que cet incendie a été planifié dans le but de tuer Londres, qui s'apprêtait à révéler un gros scandale impliquant la République de Chine...

6

LE BATAVIA (1629)

SURVIVRE COÛTE QUE COÛTE

Cette histoire est folle. En 1628, le *Batavia* s'échoue dans un petit archipel à environ 80 km à l'ouest de l'Australie. Sur les 320 personnes à bord, 280 parviennent à survivre au naufrage. Mais les galères ne font que commencer. Le capitaine et quelques

Plusieurs théories entourent ce naufrage. Albert Londres aurait découvert en Chine un énorme scandale mêlant trafic d'armes, trafic de drogue et alliance entre Bolcheviks et Chinois. L'incendie aurait donc eu pour but potentiel de le faire taire. La théorie est corroborée par le fait que les deux seules personnes à qui Albert Londres avait fait part de ses découvertes, le couple Lang-Willar, rescapés du naufrage, meurent quelques jours plus tard dans le crash de l'avion dépêché pour les rapatrier à Paris...

officiers rejoignent l'Australie, à bord d'un petit canot de fortune, à la recherche d'eau potable. N'en trouvant pas, ils longent la côte vers le nord et finissent par arriver 33 jours plus tard à Batavia (actuelle Jakarta, capitale de l'Indonésie). Pendant ce temps, l'officier sur place pète les plombs : voyant qu'il n'y aura pas de ressources pour tout le monde, il commence à éliminer sciemment des survivants. Certains se réfugieront sur d'autres îles de l'archipel pour échapper au massacre. Quand les secours arrivent quelques mois plus tard, c'est une hécatombe. Les mutins sont condamnés à mort si bien que sur les 280 survivants de départ, seuls 68 seront sauvés.

5

LE PALATINE (1738)

LE BLACK PEARL DE BLOCK ISLAND

On ne sait pas grand-chose de cette histoire. En 1738, un bateau a fait naufrage au large de Block Island (petite île au large de la côte nord-est des États-Unis). Depuis, il hante les eaux du coin. Ce qu'on sait, c'est que ce bateau transportait des immigrés allemands de la région de Palatine, d'où son nom (on pense que le vrai nom du bateau était *Princess Augusta*). On estime le nombre de passagers entre 130 et 400. Pendant la traversée, de l'eau croupie tua la moitié des personnes à bord, le capitaine rackettait visiblement les passagers, bref, c'était pas la joie à bord ! Quant au naufrage, il y a plusieurs hypothèses : une énorme tempête de neige ou encore une volonté des habitants de l'île de provoquer le naufrage pour en voler la cargaison. Mais c'est enfin et surtout par la légende que son nom est fameux, puisqu'il est devenu l'un des plus célèbres bateaux fantômes américains. On verrait souvent la nuit, au large de l'île, la silhouette d'un bateau en feu semblant danser au-dessus de l'eau...

4

LE GRAFTON (1864)

L'UNION FAIT LA FORCE

Le *Grafton* était chargé d'aller inspecter deux archipels à la recherche de mines potentielles ; à son bord, 5 membres d'équipage de 5 nationalités différentes... Tout commençait bien, jusqu'au moment où le bateau fit naufrage dans l'archipel d'Auckland, au sud de la Nouvelle-Zélande. Les naufragés s'organisèrent tellement bien qu'ils parvinrent à survivre des mois sur une petite île. Au bout de six mois, trois d'entre eux partirent à bord d'une barque de fortune vers la Nouvelle-Zélande. Ils l'atteignirent et revinrent même chercher leurs compagnons.

Chose dingue, à la même période, un autre bateau s'est échoué sur la même île mais de l'autre côté. Sauf que sur les 25 membres d'équipage, seuls trois ont survécu. Les deux groupes n'ont jamais su l'existence l'un de l'autre !

3 LE DOÑA PAZ (1987)

LE TITANIC MODERNE

Ce ferry philippin transportait officiellement environ 1 500 personnes, mais officieusement, on estime à 4 000 le nombre de ses passagers. Dans la nuit du 21 décembre 1987, le ferry heurte un pétrolier. Les deux navires prennent feu. Parmi les 13 membres d'équipage du pétrolier, seuls deux ont survécu. Et sur les quelque 4 000 passagers du ferry, on a recensé une vingtaine de survivants seulement... C'est la plus grosse catastrophe maritime en temps de paix de l'histoire.

2 L'UTILE (1761)

UN HORRIBLE ABANDON

L'île Tromelin est minuscule, on n'y trouve ni eau ni végétation. En 1761, *L'Utile* s'y échoue avec 142 hommes d'équipage et 160 esclaves. Beaucoup meurent pendant le naufrage mais les survivants parviennent à reconstruire un petit bateau. Tous les membres d'équipage montent à son bord et regagnent Madagascar. Sauf que, malgré les promesses du capitaine, le gouvernement français n'autorisera pas le sauvetage des 60 esclaves restés sur place, dans la mesure où la traite était déjà interdite à Madagascar et que leur bateau était donc dans l'illégalité. Ce n'est que 15 ans plus tard et après de multiples sauvetages manqués en raison des conditions climatiques difficiles que le Chevalier de Tromelin récupère les naufragés : 7 femmes et un bébé de 8 mois, qui seront heureusement affranchis dès leur retour.

1

LE MONT BLANC (1917)

UN JOLI FEU D'ARTIFICE !

En 1917, le navire français *Mont Blanc*, qui transporte des munitions et de l'explosif, entre dans le port d'Halifax, au Canada. Il effleure par mégarde un bateau norvégien qui sort du port. Le *Mont Blanc* prend feu et 20 minutes plus tard, explose. L'explosion est tellement violente que la ville est littéralement rasée sur 2 km². Un raz de marée de 18 mètres de haut se crée et on comptabilise près de 2 000 morts. C'est l'explosion accidentelle ayant fait le plus de victimes à l'heure actuelle et encore maintenant, 100 ans plus tard, on trouve dans le port d'Halifax des résidus d'explosifs.

Si vous voulez en savoir plus sur certaines de ces histoires, je ne peux que vous conseiller les excellents livres suivants :
- *Les Naufragés de l'île Tromelin* d'Irène Frain
- *Les Naufragés des Auckland* de François-Édouard Raynal
- *Les Naufragés du Batavia* de Simon Lays

7 DES GUERRES LES PLUS COURTES DE L'HISTOIRE

7

GUERRE SINO-VIETNAMIENNE

27 jours
17 février au 16 mars 1979 :
Invasion chinoise au Viêtnam.

6

GUERRE ARMÉNO-GÉORGIENNE

Entre 18 et 24 jours
13 au 31 décembre 1918 :
Arménie *vs* Géorgie.

5

GUERRE SERBO-BULGARE

14 jours
14 au 28 novembre 1885 :
Bulgarie *vs* Serbie.

4

TROISIÈME GUERRE INDO-PAKISTANAISE

13 jours
3 au 16 décembre 1971 :
Inde *vs* Pakistan : cette guerre aboutit à la création du Bangladesh.

3

GUERRE DES SIX JOURS
6 jours
5 au 10 juin 1967 :
Israël *vs* Égypte + Syrie + Jordanie.

2

GUERRE DE CENT HEURES
4 jours
14 au 18 juillet 1969 :
Salvador *vs* Honduras.

1

GUERRE ANGLO-ZANZIBARITE
38 minutes
27 août 1896 :
Royaume-Uni
vs Zanzibar.

7 des jeux vidéo les plus rares

7

NINTENDO WORLD CHAMPIONSHIP 1990 CARTDRIGES (1990)
NES

En 1990 s'est déroulé aux États-Unis le championnat du monde NES. Les joueurs devaient s'affronter sur une cartouche modifiée contenant 3 jeux : Super Mario Bros, Rad Race et Tetris. Le but du jeu était de faire le meilleur score. Au cours de la compétition, 26 cartouches dorées et 90 cartouches grises ont été distribuées aux gagnants. Elles ont toutes la particularité d'avoir des boutons visibles sur leur face avant, servant à modifier la durée de la partie. Ces cartouches sont considérées comme le Saint Graal de tout collectionneur et se négocient à plus de 15 000 euros chacune.

6

STADIUM EVENT (1987)
NES

Ce jeu est sorti fin 1987 aux États-Unis édité par Bandai. Pour l'utiliser, il fallait aussi acheter un accessoire, le Family Fun Fitness Mat, un espèce de tapis sur lequel il fallait marcher pour contrôler son personnage. Sauf que début 1988, Nintendo rachète les droits du jeu et du tapis à Bandai. Ils retirent donc des rayons Stadium Event pour renommer et recommercialiser l'accessoire à leur sauce. On estime à même pas 200 le nombre d'exemplaires du jeu original parvenus dans les mains des joueurs et il n'y en aurait qu'une vingtaine en circulation dont seulement trois scellés. Le plus cher a été vendu 35 000 euros.

5

AIR RAID (1982)
Atari 2600

Sur l'Atari 2600, ce n'était pas très compliqué de faire des jeux et de nombreuses petites sociétés se sont lancées sur le marché. Malheureusement, beaucoup n'ont jamais réussi à être rentables. C'est le cas de Men-A-Vision qui n'a sorti qu'un seul jeu : Air Raid. Ce jeu était tellement mauvais que seuls 12 exemplaires ont été vendus à l'époque. Depuis, les exemplaires en circulation chez les collectionneurs se comptent sur les doigts d'une main et seulement un seul d'entre eux est complet : jeu + boite + notice. Ce dernier s'est vendu à 35 000 euros.

4

TETRIS (1989)
Megadrive

Oui, un Tetris est dans ce classement... Mais pas n'importe quel Tetris ! En 1984, un chercheur soviétique s'ennuie au boulot et code Tetris. Ses collègues de travail à l'Académie des sciences deviennent tellement accros qu'il décide de le commercialiser. Sauf qu'en URSS à l'époque, la notion de propriété intellectuelle est très floue et de nombreux contrats avec beaucoup de boîtes d'édition sont signés. Jusqu'à ce que Nintendo intente des procès à tout le monde et gagne l'exclusivité, coupant l'herbe sous le pied à Sega qui venait de lancer la production de son Tetris sur Megadrive au Japon. Sega a donc dû détruire toutes les cartouches. On estime qu'il en resterait moins d'une dizaine dans le monde. Un exemplaire a même été signé par le créateur de Tetris lui-même !

3

NINTENDO CAMPUS CHALLENGE CARTRIDGE (1991)
NES

Comme les championnats du monde 1990, Nintendo a organisé en 1991 une autre compétition aux États-Unis, qui se déroulait sur les campus d'universités. Le principe était le même : les joueurs s'affrontaient sur une cartouche contenant trois jeux (Super Mario 3, PinBot et Dr Mario) et il fallait amasser un maximum de points. Pour le coup, aucune cartouche n'a été distribuée et les cartouches utilisées pour la compétition ont toutes été détruites. Du moins c'est ce qu'on croyait... En 2006, une cartouche a été retrouvée dans un vide-grenier organisé par un ancien employé de Nintendo. Cette cartouche s'est vendue pour un peu plus de 17 000 €.

2

BIRTHDAY MANIA (1984)

Atari 2600

En 1984, Robert Anthony Tokar, joueur à ses heures perdues, trouve un livre de programmation et décide de créer un jeu. Quelques mois plus tard, il termine Birthday Mania. Lorsqu'on commandait ce jeu, on donnait le prénom de la personne à qui on voulait l'offrir et ce prénom était codé dans le jeu de telle sorte que lorsque le joueur lançait la partie, il soit affiché « Bon anniversaire Untel » . Le jeu en lui-même était très rudimentaire, c'était une espèce de Space Invaders où il fallait éteindre des bougies. Robert n'en a vendu que 10 à l'époque et un seul est encore en circulation de nos jours. Personne ne savait à quoi ressemblait ce jeu jusqu'en 2012 lorsqu'un homme a contacté Robert et lui a racheté le copyright du jeu. À partir des codes qu'il y avait dans le dépôt de marque, il a pu reconstituer le jeu et le rendre accessible sur internet au plus grand nombre, mais la version originale est rarissime !

1

GAMMA ATTACK (1983)

Atari 2600

Gammation est une société qui fabrique des accessoires pour Atari 2600. Pendant longtemps, des rumeurs ont fait état d'un jeu que la boîte aurait créé en 2 exemplaires, mais jamais commercialisé. Jusqu'au jour où un collectionneur est tombé sur l'un des deux exemplaires et l'a mis en vente à 500 000 $ sur Ebay, non pas pour le vendre (personne ne l'aurait acheté à ce prix) mais pour faire connaître au plus grand nombre sa découverte. Depuis, le programmeur du jeu a entendu parler de la chose et a fait savoir qu'il possédait la deuxième cartouche originale. Il a également proposé de fabriquer des copies du jeu et de les mettre en vente. C'est fou comme histoire : presque 30 ans après, un programmeur parvient finalement à vendre son jeu...

7 MÉTIERS QUASIMENT DISPARUS

7
Attrapeur de rats

Ce métier n'a pas disparu à 100 % mais disons qu'il n'est plus du tout pratiqué de la même façon ! De nos jours, quand on veut contrôler la population de rats dans une ville, on utilise beaucoup de poison ou de pièges ; par le passé, des hommes descendaient dans les égouts avec leurs cages et leurs gants pour courir après les rats ! Au début du XXe siècle, c'était encore un travail comme un autre dans les grandes villes. On raconte même que certains attrapeurs élevaient des rats chez eux pour arrondir leurs fins de mois puisqu'ils étaient payés au quota !

6
Homme radar

Entre les deux guerres mondiales s'est développé un métier très étrange, celui d'homme radar. Les hommes radar étaient chargés « d'écouter le ciel » grâce à des espèces de grandes oreilles en métal qu'on appelle des miroirs acoustiques. Dans l'esprit des scientifiques, la vitesse des avions était si faible à l'époque qu'on pouvait les entendre arriver de loin. Sauf que dans la pratique, ce n'était pas super efficace... Et puis les radars, les vrais, étaient déjà en train d'être développés donc ce métier n'a pas beaucoup duré.

5
Poseur de quilles

Le bowling est un sport qui s'est démocratisé vers le milieu du XIXe siècle, en pleine révolution industrielle. Rapidement, la question s'est posée de standardiser la remise en place des quilles après un tir. Certes, on est en pleine révolution industrielle mais les machines actuelles qui rendent l'opération automatique étaient encore loin de voir le jour ! Donc on employait des gens pour replacer les quilles et renvoyer les boules. Ces employés étaient souvent des enfants ou des adolescents parce qu'il fallait être petit pour se faufiler entre les allées.

4
Opératrice

Vous avez forcément déjà vu ce métier à l'œuvre dans des films. Concrètement, de 1878 jusqu'aux années 1960, les numéros particuliers n'existaient pas ; pour appeler quelqu'un, il fallait passer par un centre de répartition, tu disais à l'opératrice à qui tu voulais parler et elle te connectait à cette personne ! Pour cela, les opératrices travaillaient face à des murs entiers de panneaux téléphoniques et leur job était de placer des câbles dans les bons trous (en gros, chaque trou correspondait à une personne). Ce travail était très sexiste, il y avait beaucoup plus de femmes que d'hommes pour deux raisons principales :

- le salaire qui, déjà à l'époque, était bien plus faible pour les femmes ;

- les gens derrière cette nouvelle technologie voulaient apporter une image de jeunesse, de beauté et d'avenir, d'où le choix d'employer des femmes. Oui ok, je ne comprends pas moi-même la logique…

3

Falotier

C'est vers 1667 que ce métier apparaît en France. Le falotier, c'est la personne qui gère l'éclairage public. Au XVIIe siècle, d'abord à Paris mais rapidement dans toutes les villes de France, on installe dans chaque rue, aux deux extrémités et au milieu de la rue, des réverbères. Enfin non, c'était en fait des lanternes qui fonctionnaient à la bougie. Les réverbères, eux, datent de 1766, et c'est encore à Paris que les premiers ont vu le jour. L'éclairage à l'huile, c'était quand même plus efficace que la bougie ! Toujours est-il que le falotier devait allumer ces réverbères en début de soirée et les éteindre au petit matin ! Et puis progressivement, au XIXe siècle, les lampadaires à gaz commencent à se multiplier et c'est toute une profession qui disparaît.

2

Crieur public

Ce métier n'a pas tout à fait disparu, il existe encore dans certains pays anglo-saxons, et même en France, il y a des crieurs publics. Mais bien évidemment, ce n'est plus du tout ce que c'était auparavant. Les crieurs publics existent depuis l'Antiquité. Sur les places publiques, il y a toujours eu un crieur dont le rôle était, entre autres, d'annoncer les nouvelles du jour. Aujourd'hui, au Canada par exemple, on compte les crieurs publics dont c'est le métier à plein temps sur les doigts d'une main. Leur travail est très varié, ils crient pour toutes les occasions politiques, sociales et même pour le sport !

Récemment, le métier de crieur a été repopularisé dans le roman de Fred Vargas, *Pars vite et reviens tard*, qui met en scène un crieur moderne dans le quartier de la gare Montparnasse à Paris.

1 Lecteur

Ce boulot vient à la base de Cuba. Vous le savez, à Cuba, on fabrique des cigares, et il existe là-bas une tradition qui consiste à engager un lecteur pour divertir les ouvriers (payé par ces derniers eux-mêmes) pendant leur journée de travail. Vers le milieu du XIXe siècle, alors que certains Cubains ouvrent des usines de cigares aux États-Unis, ils emportent la tradition du lecteur avec eux. Tradition qui perdurera jusqu'en 1931. C'est à cette période que les premiers postes radios font leur apparition et détrônent immanquablement le lecteur. Il semblerait toutefois que ce métier existe encore dans certaines usines à Cuba et dans quelques pays des Caraïbes.

7 DES SPORTS LES PLUS VIOLENTS DE L'HISTOIRE

7 Le vale tudo

POURQUOI AVOIR DES RÈGLES ?

Connaissez-vous le *free fight* ? Il en existe plusieurs variantes mais le principe reste le même : des combats où pratiquement tout est permis. Ainsi, des spécialistes de certains arts martiaux s'affrontent et essayent de tirer partie de leurs avantages. Ces sports très violents sont d'ailleurs interdits en France. Le *vale tudo*, c'est un peu le précurseur du *free fight*. C'est un sport brésilien de combat où les seules règles sont : pas de doigts dans les yeux et interdiction de viser la colonne vertébrale. Vous vouliez de la violence...

6

La lutte Nguni

À COUPS DE BÂTON

La lutte Nguni, au premier abord, ne ressemble pas du tout à de la lutte ! Ce sport pratiqué principalement par le peuple Nguni en Afrique du Sud peut paraître archaïque : chaque combattant a deux bâtons, un pour la défense et un pour l'attaque. Le but du jeu est de frapper un maximum son adversaire avec son bâton et ainsi de marquer des points. Les blessures sont nombreuses et ce n'est pas étonnant vu l'intensité des combats et le fait que les combattants n'ont pratiquement aucune protection !

5

Les courses de chars

L'ANCÊTRE DES COURSES HIPPIQUES

Certains sports aujourd'hui disparus rentrent facilement dans la catégorie « sport violent » et je pense que la course de chars en fait partie. C'était LE sport en vogue à l'époque romaine. Les stades accueillaient des dizaines de milliers de spectateurs qui pariaient sur la victoire de tel ou tel compétiteur. Les chars étaient souvent tirés par quatre chevaux. Les pilotes étaient « attachés » au char par les rennes, histoire d'éviter de tomber. Malheureusement, les courses étaient tellement disputées qu'au moindre contact avec un autre char ou avec un mur, on risquait la mort, et cela arrivait bien plus souvent qu'on ne peut l'imaginer !

4

Le dambe

LE PAPI DE LA BOXE ?

Le *dambe* est un type de boxe pratiqué par le peuple haoussa en Afrique de l'Ouest. On est d'accord, la boxe en soit, c'est déjà très violent, mais le *dambe* est un cran au-dessus en termes de brutalité. Tu ne peux frapper qu'avec ta main dominante. Cette main est enveloppée dans du tissu et des cordes. Autant vous dire que niveau dureté, on a l'impression de se recevoir une pierre dans la figure. Si une main ou un genou touche le sol, le combat est perdu ! Serait-ce l'ancêtre de la boxe occidentale ?

3

Le football australien (AFL)

ILS SONT FOUS CES AUSTRALIENS

Direction l'Australie. Là-bas, le football australien est presque une religion. Rien à voir avec le football américain ou notre version du football. Le football australien est un vrai spectacle régi par des règles qui peuvent paraître loufoques. Deux équipes de 18 joueurs s'affrontent sur un immense terrain ovale (ou sur un terrain de cricket). L'objectif est de marquer le plus de points possibles en envoyant un ballon ovale entre les poteaux de buts. On peut faire des passes au pied ou à la main mais seulement en frappant le ballon : oui, on donne un coup de poing dans le ballon pour faire une passe. Si le ballon sort du terrain, c'est l'arbitre qui fait la remise en jeu en tournant le dos au terrain et en jetant le ballon par-dessus ses épaules. Ce sport peut être extrêmement violent car les récupérations de balles sont très disputées. On a le droit de charger ses adversaires, même en l'air. Et bien entendu, des bagarres éclatent souvent. J'ai eu la chance d'assister à un match de ce sport et je vous encourage à aller voir des vidéos sur le net, c'est très impressionnant.

2

Le calcio florentin

UNE BONNE VIEILLE TRADITION

Ce sport italien date de la Renaissance. Il a disparu pendant près de 200 ans mais est revenu au goût du jour depuis les années 1930. Il ne se joue que dans la ville de Florence où, chaque année, quatre quartiers de la ville s'affrontent. Un match oppose toujours deux équipes de 27 joueurs et l'unique règle est qu'il n'y en a pas... Enfin presque pas. Le but du jeu est d'amener un ballon dans le but de l'équipe adverse, et pour ça, tout est permis. Lutte, boxe, football, le *calcio* florentin est un mélange de tout ça. Inutile de vous dire que ça dérape bien souvent en bagarre générale. D'ailleurs, en 2006, le tournoi a été tellement violent qu'il a tout simplement été annulé.

1

Le Pancrace

TOUT EST PERMIS !

Le sport le plus violent et le plus primitif de l'histoire. Deux hommes, un terrain, un combat. Pas d'armes, pas de vêtements. Interdiction de mordre, d'arracher les yeux ou de tuer son adversaire. Vous ne pouviez gagner que lorsque ce dernier abandonnait. Je parle au passé parce que ce sport nous vient de la Grèce antique. Une version plus « soft » et un peu plus contrôlée existe de nos jours et serait même en passe de faire partie des épreuves officielles des Jeux olympiques.

7 des pays les moins peuplés de la planète

7

SAINT-MARIN

Si je vous dis pays enclavé en Italie, vous me répondez le Vatican ? Oui, certes, mais pas que ! Saint-Marin est également un petit état au sein de l'Italie, et c'est d'ailleurs la plus vieille république du monde ! On y compte 33 020 habitants, ce qui correspond en gros à la moitié de la capacité d'accueil du stade vélodrome de Marseille : ce n'est franchement pas énorme pour un pays !

6

LES PALAOS

On part en Océanie. Les Palaos sont un archipel composé de plus de 250 îles ! Et sur autant d'îles, on s'imagine que la population est immense ! Eh ben non, pas du tout, il y a seulement 21 265 habitants aux Palaos.

5

LES TUVALU

Le royaume de Tuvalu se trouve également en Océanie. Il est, comme les Palaos, composé de plusieurs îles sur lesquelles la population est éparpillée. On y compte 10 869 habitants sur un territoire d'environ 26 km². En gros, il faudrait 100 000 fois la population des Tuvalu pour presque rattraper la population indienne. Y a du boulot !

4

LES ÎLES COOK

On reste en Océanie, pour changer ! Les îles Cook sont administrées par la Nouvelle-Zélande mais sont bien reconnues par l'ONU comme étant un État. Il y a 9 838 cookiens (c'est mignon, non ?), soit dix fois moins d'habitants qu'àRoubaix !

3

NAURU

Nauru est encore une petite île de l'océan Pacifique qui, elle, compte 9 540 habitants. Sachant que, juste dans le 10e arrondissement de Paris, il y a 93 438 habitants...

2

NIUE

Encore une petite île océanienne ! Comme les îles Cook, Niue est administrée par la Nouvelle-Zélande mais est bel et bien un état reconnu par l'ONU depuis 1994. Ce pays compte 1 190 habitants. C'est si peu que, même réunis, ils ne rempliraient que la moitié de l'Olympia !

1

LE VATICAN

Hé oui, le Vatican est officiellement le pays le moins peuplé du monde avec seulement 921 habitants. En les tassant un peu, ils tiennent facilement dans deux gros avions de ligne.

7 écoles très spéciales

7

THE OAKSTERDARM UNIVERSITY

Tout apprendre sur le cannabis

Depuis la légalisation du cannabis à des fins médicinales dans certains États des États-Unis, de nombreux programmes spécialisés se sont créés dans beaucoup d'universités. Des écoles consacrées entièrement au cannabis ont même vu le jour, comme Oaksterdarm University en Californie qui vous formera à tous les métiers tournant autour de la *marijuana*. Après cette formation, vous connaîtrez aussi bien l'histoire de la plante, comment se passent les ventes médicales ou encore comment bichonner vos plantes pour obtenir un meilleur rendement !

6

L'ACADÉMIE LUDOSPORT

Apprendre le combat de sabres laser

C'est très sérieux. Des fans de Star Wars ont décidé de créer une toute nouvelle discipline sportive : le combat de sabres laser. Ce nouvel art martial est basé sur un combat à l'épée normal mais pratiqué avec des répliques de sabres laser. Plusieurs écoles de ce genre ont ouvert à travers le monde, et vous en trouverez même en France, comme l'académie LudoSport à Paris !

5

LA FINAL TOUCH SCHOOL

Apprendre à être sexiste

Pour les Anglo-Saxons, l'étiquette est très importante. L'art de recevoir, de bien se comporter en toute situation, ça s'apprend. Et c'est justement ce que vous enseigne la Final Touch School au Texas. Si vous êtes une femme, l'école promet de vous enseigner grâce, élégance, force et confiance en vous. Si vous êtes un homme, la devise est simple : « Être un garçon dépend de la naissance, être un homme dépend de l'âge, mais être un gentleman dépend de vous. » Ok, c'est très réducteur et un peu (beaucoup) sexiste mais que voulez-vous...

4

LA KISSING SCHOOL

Apprendre à embrasser

C'est très sérieux, il existe à Seattle, aux États-Unis, la Kissing School, une école dédiée aux gens qui veulent améliorer leur technique de langue. On y vient en couple et on assiste à des cours théoriques puis pratiques. Par contre, ils ne disent pas sur leur site internet si les professeurs doivent montrer l'exemple avec certains élèves...

3

LES ÉCOLES DE DRESSEUR DE SERPENTS

Apprendre à charmer les crotales

En Inde, les dresseurs de serpent sont des gens à part. Ils viennent souvent de communautés très pauvres et nomades et se transmettent leur savoir-faire et leurs méthodes de dressage de génération en génération. Il existe ainsi des espèces d'écoles où dès l'âge de 2 ans, les enfants apprennent l'art de charmer les serpents. La formation dure en général 10 ans et c'est vers l'âge de 12 ans que les jeunes charmeurs peuvent commencer à faire des représentations publiques.

2

LA SANTA CLAUS SCHOOL

Tout apprendre sur Noël

À la Santa Claus School, au fin fond du Michigan, aux États-Unis, vous pouvez apprendre tout ce qu'il y a à savoir sur Noël. L'histoire de cette fête, comment se déguiser et se maquiller en Père Noël ou encore comment réussir un élevage de rennes. Et vu que l'école évolue avec son temps, elle propose même des cours de communication pour être le meilleur Père Noël possible si vous devez passer à la télé ou à la radio.

1

L'ÁLFASKÓLINN (« ÉCOLE DES ELFES »)

Tout apprendre sur les elfes

Pour cette école, on part en Islande. Dans ce pays, plus de la moitié de la population croit dur comme fer à l'existence des elfes, ces petites créatures du folklore européen. Par exemple, des ouvriers qui construisent une route peuvent faire appel à un spécialiste s'ils pensent qu'une petite colline qui se trouve sur le trajet de la route qu'ils construisent sert d'habitat aux elfes. Si l'expert leur dit que oui, ils construisent la route autour ! On comprend donc l'intérêt d'une telle école où l'on étudie principalement les elfes, mais pas seulement. Une petite quinzaine d'autres créatures islandaises sont aussi abordées.

7 DES LIEUX LES PLUS HANTÉS DE LA PLANÈTE

7

L'ancien sanatorium de Waverly Hills

À Louisville, dans le Kentucky, se trouve l'ancien sanatorium de Waverly Hills. Construit en 1910, ce bâtiment était spécialisé dans le traitement de la tuberculose ; suite aux progrès des traitements contre cette maladie, le sanatorium fut fermé puis finalement abandonné en 1981 ; il est un des endroits les plus hantés des États-Unis. On aurait dénombré de multiples apparitions : ombres, fantômes d'infirmières, une vieille femme en pleurs ou encore un groupe d'enfants chantant sur le toit du bâtiment. Il semblerait que le propriétaire actuel tente de transformer le lieu en un hôtel luxueux. Bon courage !

6

La prison de Port Arthur

En plus d'avoir été une prison au XIXe siècle, pendant une cinquantaine d'années, le site de Port Arthur, qui se trouve en Tasmanie (Australie), a connu en 1996 une fusillade : un tireur isolé a fait 35 victimes sur le site. À partir de la fin du XIXe siècle, alors que la prison fonctionnait encore, des apparitions ont été signalées par des gardiens et des prisonniers. Désormais, un « ghost tour » y est organisé le soir. De tous les bâtiments visités, il semblerait que ce soit le presbytère le plus hanté.

5

Le château de Hunedoara

Ce château, construit au XVe siècle, est le plus grand de Roumanie. Vlad l'Empaleur, un roi qui porte le nom de sa méthode de mise à mort préférée, y aurait été emprisonné. Dans la cour, on trouve un puits de 30 mètres de profondeur. La légende dit que des prisonniers turcs eurent pour mission de le creuser avec la promesse d'être libérés le jour où ils y trouveraient de l'eau. Or, une fois leur mission achevée, ils auraient été abandonnés dans le puits. Depuis, l'endroit serait hanté et l'émission « Most Haunted Live ! » y est même venue tourner un épisode.

4

Le cimetière de Highgate

Fondé en 1836, ce cimetière londonien était un bijou d'architecture et son magnifique jardin était bien entretenu. Et puis, à partir de la Première Guerre mondiale, il fut délaissé et même le théâtre de vandalismes. Dans les années 1960, plusieurs groupes pratiquant l'occultisme vinrent y accomplir des rituels et rapidement, des rumeurs d'apparitions de vampires se firent entendre. Petit à petit, une véritable psychose a vu le jour ; certains disent avoir aperçu des fantômes, d'autres des ombres géantes. Bref, perso, je n'y mettrai pas les pieds !

3

La ville de Bodie

Bodie est probablement la ville hantée la plus connue aux États-Unis. Fondée au XIXe siècle pendant la ruée vers l'or, cette ville californienne abandonnée au milieu du XXe siècle et située à 2500 mètres d'altitude est encore habitée par des gardiens. Selon les croyances populaires, l'endroit serait infesté de fantômes et autres esprits. Certains des nombreux touristes visitant la ville chaque année rapportent des visions et des phénomènes paranormaux.

2

Le château de Brissac

Cet immense château qui compte plus de 200 pièces réparties sur sept étages se trouve près d'Angers, en France. Au XVe siècle, le propriétaire, Jacques de Brézé, y vit avec sa femme, Charlotte de Valois. Découvrant qu'elle le trompe avec un ami à lui, la légende dit qu'il la transperça d'un coup d'épée. Depuis, les nuits d'orage, Charlotte reviendrait hanter le château sous la forme d'une dame blanche.

1

Le screaming tunnel

Ce petit tunnel de 38 mètres de long se trouve à quelques kilomètres des chutes du Niagara. Une légende locale dit que le fantôme d'une petite fille hante le lieu. Plusieurs histoires tentent d'expliquer pourquoi. La petite fille y serait morte brulée après l'incendie d'une ferme avoisinante. Une autre version dit qu'elle y aurait été violée puis tuée et brulée. Quoi qu'il en soit, on dit que quiconque allume une allumette dans le tunnel entendra les pleurs et les cris de la petite fille... Rien que d'écrire ces lignes, mon sang se glace !

Le Free Spirit Spheres

7 HÔTELS VRAIMENT INSOLITES

7

Le Free Spirit Spheres

POUR DORMIR AVEC LES OISEAUX

Sur l'île de Vancouver, au Canada, on peut dormir dans les arbres. Mieux que de simples maisons en hauteur, on a suspendu aux arbres des grandes boules en cèdre qui forment des sortes de gros cocons et que l'on atteint en grimpant sur des échelles de cordes suspendues. On s'y love pour la nuit, doucement bercé par le vent.

6

Le Conrad Maldives Rangali Island Resort

POUR DORMIR AVEC LES POISSONS

Aux Maldives, une nuit dans cet hôtel très luxueux n'est pas donnée à tout le monde. Ça s'explique par le cadre magnifique : loger dans des villas au bord d'une eau transparente, mais pas que ! La particularité de cet hôtel est la présence d'un restaurant en verre 5 mètres sous l'eau. Dans de rares occasions, et si vous y mettez le prix, le restaurant peut être transformé en suite, histoire de vraiment dormir avec les poissons.

5

L'hôtel Kakslauttanen

POUR REGARDER LES ÉTOILES

En plein milieu de la forêt finlandaise, les chambres-dômes en verre de cet hôtel permettent de s'endormir en fixant les étoiles. Bon, il faut aimer le froid et l'aspect « je dors dans un igloo » parce que c'est en permanence dans la neige, on n'est pas en Finlande pour rien !

4

L'hôtel de Vrouwe van Stavoren

POUR BOIRE UN P'TIT COUP

Aux Pays-Bas, dans un cadre bucolique, l'hôtel de Vrouwe van Stravoren propose de dormir dans une énorme cuve de vin. Bien sûr, ces cuves ne sont plus utilisées mais c'est quand même super atypique. Pour info, elles viennent de Suisse, et peuvent contenir 14 500 litres de vin !

3

L'hôtel de glace de Jukkasjärvi

POUR SE RÉCHAUFFER À DEUX

L'hôtel est recréé chaque année, avec la glace gelée de la rivière Torne, en Suède. L'hôtel propose des chambres normales et des chambres gelées, entièrement en glace ! Elles sont insonorisées et ne dépassent pas les - 5° C. On dort même sur des peaux de bête. Bon, ils sont gentils, le coin salle de bain/douche est chauffé, quand même.

2

L'hôtel Henn-na

POUR SE CROIRE DANS STAR WARS

Dans cet hôtel japonais, vous ne croiserez que des humanoïdes. Tout est automatisé. À l'accueil, vous devez entrer vos informations sur une tablette et votre clé fonctionnera par reconnaissance faciale. Vos valises sont livrées dans votre chambre par un chariot automatique et pour y allumer la lumière, il suffit de dire le mot « lumière » (en japonais par contre...) !

1

L'hôtel Propeller Island City Lodge

POUR...

Je vous avoue ne pas savoir comment décrire cet hôtel allemand surréaliste. C'est à la fois un hôtel et un musée où chaque chambre est unique. Choisirez-vous la chambre recouverte de miroirs du sol au plafond ? Ou celle où le lit est un cercueil ou une cage ? Ou encore celle où le lit rond est en rotation permanente ? Bref, voilà un hôtel surréaliste !

7 armes pas vraiment efficaces

7 La sticky bomb

Cette arme est une espèce de grenade collante. C'est une invention britannique qui fut surtout utilisée sur le théâtre nord-africain de la guerre. Le concept est assez simple : on enlève une coque qui contient la grenade et le système adhésif, on s'approche d'un char ennemi, on enclenche la mise à feu, on colle la grenade sur le char et on a 5 secondes pour s'enfuir avant l'explosion. En théorie, ça fonctionne, mais en pratique, c'est moyen... Plusieurs fois, la grenade adhérait aux vêtements du soldat, et là, il avait 5 secondes pour se déshabiller et fuir. Sur les terrains boueux, les grenades n'étaient pas vraiment efficaces car elles ne collaient pas au tank. Bref, à part dans quelques batailles, cette arme ne fut jamais très efficace.

6 Le FP-45 Liberator

Le FP-45 Liberator est un tout petit pistolet fabriqué par les Américains à destination des résistants en Europe pendant la Seconde Guerre mondiale. Le but était d'en lâcher des centaines de milliers sur les zones occupées. Encore une fois, en théorie, c'est sympa comme idée, sauf que non, parce que c'est pourri comme arme. Déjà, il n'y a qu'une seule cartouche, et pour recharger, bon courage, il faut au moins 10 secondes ; et je vous assure que 10 secondes, quand vous devez vous défendre d'un agresseur souvent bien mieux armé que vous, c'est très long ! Et surtout, l'arme n'était absolument pas pratique. La cible devait se trouver à moins de 3 mètres, sinon, ça tirait à côté ! Bref, un beau fiasco.

5 Le cuirassé Novgorod

Je ne sais pas pourquoi mais ce bateau me fait marrer. Imaginez un bateau tout rond. Oui, tout rond, et plat aussi. Ce prototype du navire nous vient de la marine russe de la fin du XIXe siècle. Lancé en 1873, il était déjà obsolète dix ans plus tard. Sa forme ronde était censée permettre de tirer dans n'importe quelle direction avec une précision parfaite. Sauf que vu sa forme circulaire, dès qu'un de ses canons tirait, le bateau partait dans l'autre sens et les marins en perdaient souvent le contrôle. Vous imaginez à quel point le truc ne devait pas être maniable ? Inutile de préciser qu'il ne pouvait pas s'aventurer en haute mer vu la puissance des vagues ; il était affecté à la défense des côtes.

4

Le tank Bob Semple

Pendant la Seconde Guerre mondiale, la Nouvelle-Zélande (qui a toujours été très pote avec le Royaume-Uni) est trop loin pour recevoir de l'Angleterre des tanks afin de se protéger des attaques japonaises. Il faut donc, avec les moyens du bord (qui se résumaient à une pauvre photo de tank, d'après la rumeur), construire un char. On recouvre alors un tracteur de tôles et en guise de canon, on place à l'intérieur six armes à feu. L'un des tireurs devait même être allongé sur un matelas. Ces tanks n'ont jamais été produits à grande échelle et n'ont même jamais été utilisés.

3

Le projet Fugo

Encore une arme créée pendant la Seconde Guerre mondiale, mais par le Japon cette fois-ci. Vers la fin de la guerre, les Japonais cherchent un moyen d'attaquer les États-Unis sans risquer de perdre des troupes. Ils accrochent donc des bombes incendiaires à de gros ballons d'hydrogène. Grâce aux courants d'altitude, ces ballons sont censés dériver vers les États-Unis, s'y écraser et faire un maximum de dégâts. Sur les 9 000 ballons lancés, à peine 500 arriveront aux États-Unis faisant « seulement » 5 morts. Un joli fail.

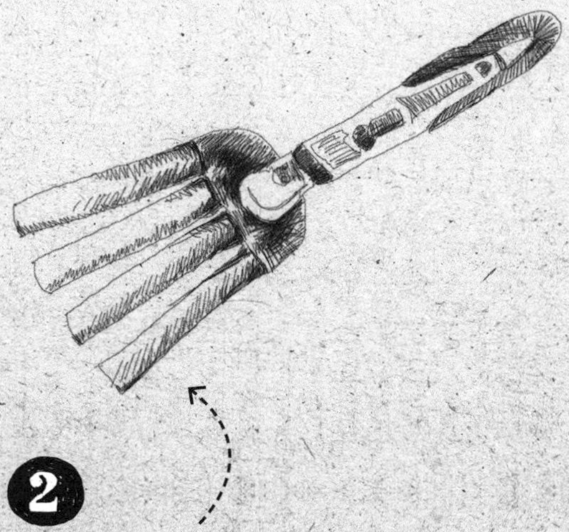

2

Le pistolet « patte de canard »

Oui, ce pistolet avait la forme d'une patte de canard : 4 canons pointant tous à un angle différent. Et pour contrôler tout ça : une seule gâchette. Cette arme a été créée au XVIIIe siècle par des capitaines de navire qui avaient peur de se faire aborder et voulaient ainsi pouvoir tuer plusieurs ennemis à la fois. Le problème, c'est que, ok, on peut tirer 4 coups en même temps, mais on n'est pas bien sûr de là où le coup va arriver, et au final, on touchait à peu près tout le monde, sauf la personne qu'on souhaitait atteindre ! Bah oui, si on veut viser quelqu'un qui est en face de nous, il faut tourner l'arme vu qu'il n'y a aucun canon central !

1

Le canon à vent

On finit avec une énième arme créée pendant la Seconde Guerre mondiale. Les Allemands ont constamment cherché à trouver des parades contre l'aviation alliée. Un jour, ils ont eu l'idée du canon à vent : un énorme tube capable de projeter une « boule d'air » à une telle puissance qu'elle pouvait briser une planche de bois à 200 mètres. Ça paraît fou mais ce canon a bien existé. Bon, ils se sont vite rendu compte qu'il n'avait strictement aucun effet sur l'aviation, quand bien même celle-ci volait très bas. Ils ont alors utilisé le canon contre les troupes au sol sans beaucoup plus de succès. Et puis vu la taille de l'arme en question, elle était très facilement repérable et ne fit vraiment pas long feu !

7 dernières paroles avant de mourir

7

MARVIN GAYE
(1er avril 1984)
Célèbre chanteur américain

Dans les bras de son frère Frankie, alors que leur père vient de l'abattre suite à une vilaine dispute: « J'ai eu ce que je voulais. Je ne pouvais pas le faire moi-même alors je l'ai poussé à le faire. C'est bien. J'ai accompli ma course. Il ne reste plus rien en moi. »

6

JOHN WAYNE
(11 juin 1979)
Célèbre acteur et réalisateur américain

Étant très malade, il répond à sa fille qui lui demande s'il la reconnaît : « Bien sûr que je sais qui tu es. Tu es ma fille. Je t'aime. »

5

JIMMY L. GLASS

(12 juin 1987)
Criminel américain exécuté par la chaise électrique

« Je préfèrerais être à la pêche. »

4

JOAN CRAWFORD

(10 mai 1977)
Célèbre actrice américaine

Aux deux infirmières qui priaient pour elle: « Ne demandez certainement pas à Dieu de m'aider! »

3

JAMES FRENCH

(10 août 1966)
Criminel américain exécuté par la chaise électrique

« How's this for your headline? French fries! »: James joue avec son nom de famille (French) et le verbe « to fry » qui signifie « faire frire » pour former l'expression « French fries » qui veut dire à la fois « French est en train de frire » et « des frites ». En français, les deux phrases donnent : « Vous en dites quoi pour votre une? French qui frit! » ou « Vous en dites quoi pour votre une? Des frites! »

2

MARIE-ANTOINETTE D'AUTRICHE

(16 octobre 1793)
Reine de France et épouse de Louis XVI

Alors qu'elle marche sur le pied de son bourreau, devant la guillotine : « Monsieur, je vous demande excuse, je ne l'ai pas fait exprès. »

1

ELVIS PRESLEY

(16 août 1977)
Célèbre chanteur américain

À sa fiancée, le matin du 16 août 1977 : « Je vais aux toilettes pour lire. ». Il mourut quelques minutes plus tard d'une potentielle arythmie cardiaque.

7 disciplines olympiques disparues

7

LA PELOTE BASQUE

Ce sport originaire du Pays basque se joue en salle. Le but est de jeter la balle contre un mur pour qu'elle retombe sur l'aire de jeu. On marque un point quand l'équipe adverse récupère la balle après plus d'un rebond ou l'envoie en dehors de l'aire de jeu. Ce sport ne fut présent aux jeux Olympiques qu'en 1900.

6

LE TIR À LA CORDE

Le tir à la corde, c'est très sérieux. Ce sport était une épreuve olympique des jeux de 1900, 1904, 1908, 1912 et 1920 (il n'y a pas eu de jeux en 1916). À l'époque, un pays pouvait avoir plusieurs équipes (qui représentaient plusieurs clubs – oui, il y a eu des clubs de tir à la corde). C'est ainsi qu'en 1908 par exemple, le Royaume-Uni était le seul pays présent sur le podium !

5

LE 200 MÈTRES NAGE LIBRE AVEC OBSTACLES

Vous connaissez le 100 mètres haies ? Bah vous prenez le concept, vous multipliez la distance par deux et vous mettez tout ça dans l'eau ! Cette épreuve n'a existé que pendant les jeux de 1900 et seulement 12 nageurs de 5 nations différentes y ont participé. Sur les 200 mètres, il fallait d'abord passer par-dessus un poteau, puis par-dessus plusieurs barques et enfin nager en dessous d'autres barques. J'ai oublié de préciser que l'épreuve se déroulait sur la Seine. Des volontaires ?

4

LE TIR AUX PIGEONS

Un fusil, des cartouches et des pigeons, rien de plus. Ce « sport » consistait à tuer des pigeons un par un. Dès que le tireur loupait un pigeon, la session s'arrêtait. Le tir aux pigeons était une épreuve des jeux Olympiques de 1900 (décidément !) et plus de 300 pigeons furent tués au cours de la compétition. C'est le tireur belge Léon de Lunden qui remporta la médaille d'or en tuant

21 pigeons d'affilée. On raconte que le champ de tir était dans un état lamentable avec des oiseaux blessés au milieu des morts, du sang, des plumes...

3

LA CORDE LISSE

Grimper tout en haut d'une corde lisse de 14 mètres avec la seule force de ses bras et en commençant assis. C'était ce qu'il fallait faire lors de la toute première épreuve de corde lisse, aux jeux Olympiques de 1896. Ça a l'air très compliqué et ça l'était! Seuls deux athlètes grecs ont réussi à grimper jusqu'en haut, non parce que les Grecs sont plus forts que la moyenne mais simplement parce que ces jeux se déroulaient à Athènes et que forcément, il y avait beaucoup plus d'athlètes grecs! Ce sport n'a pas duré longtemps et c'est en 1932 qu'on décerna les dernières médailles de corde lisse.

2

LE SAUT SANS ÉLAN

Le saut sans élan compte en fait trois disciplines : le saut en hauteur, le saut en longueur et le triple saut. De nos jours, pour ces trois épreuves, les athlètes peuvent prendre de l'élan, mais

pendant quatre éditions des jeux Olympiques (de 1900 à 1920), elles se déroulèrent sans élan. Oui, un saut en hauteur, à pieds joints, sans élan. Le record est quand même de 1,90 mètre !

1

LA NAGE SOUS L'EAU

Tout comme le 200 mètres nage libre avec obstacles, cette épreuve n'a fait partie des jeux Olympiques que pendant l'édition parisienne de 1900 et se déroulait également dans la Seine. Les points étaient comptabilisés de deux façons différentes : il fallait à la fois nager le plus loin possible et à la fois rester sous l'eau le plus longtemps possible. Ainsi, la médaille d'or fut attribuée au Français Charles Devendeville qui nagea 60 mètres et resta sous l'eau 68 secondes. Le Danois Peder Lykkeberg, arrivé 3e, resta sous l'eau 90 secondes mais ne parcouru que 28 mètres ! D'ailleurs, la médaille d'or attribuée au Français est la première médaille d'or française de l'histoire en natation !

7

Évasion de la prison de Maze

En 1983, on est en plein milieu du conflit nord-irlandais durant lequel, pour faire court, des groupes réclamant le rattachement de l'Irlande du Nord à l'Irlande se bastonnent avec ceux qui sont contents du régime alors en place. De nombreux attentats sont alors revendiqués par l'IRA, la principale organisation militant pour l'indépendance de l'Irlande du Nord. Beaucoup de ses militants se retrouvèrent en prison, mais le 25 septembre 1983, deux prisonniers prennent en otage leurs geôliers en s'aidant de couteaux et de pistolets introduits illégalement dans la prison; ils parviennent à occuper tout le bloc de haute sécurité de la prison si bien que 35 hommes réussissent à s'enfuir. Sur les 35 évadés, quelques-uns sont morts et la majorité d'entre eux furent rattrapés et emprisonnés dans les années qui suivirent. Au moment où j'écris ces lignes, seuls deux d'entre eux sont encore introuvables.

6

Évasion du camp d'Auschwitz

Le camp d'Auschwitz, tout le monde le connaît, et pourtant, est-ce que vous saviez que sur les plus de 1 300 000 déportés à Auschwitz, il n'y a eu que 667 tentatives d'évasions et qu'entre 100 et 400 personnes parvinrent à s'enfuir (beaucoup d'entre elles sont des prisonniers polonais) ? Seuls 5 prisonniers juifs parvinrent à s'évader. Parmi eux, Rudolph Vrba et Alfred Wetzler. Les deux amis furent affectés à la construction d'une nouvelle portion du camp qui se trouvait en dehors de l'enceinte et qui n'était protégée par des gardes que pendant la journée. Le 7 avril 1944, Rudolph et Alfred se cachent sous une grosse pile de bois. Des amis à eux répandent du tabac trempé dans de l'essence autour de la pile pour tromper les chiens de garde. Pendant trois jours, les allemands chercheront les deux hommes manquants mais le soir du 10 avril, les recherches s'arrêtent et les deux amis peuvent sortir de leur cachette et rejoindre la Slovaquie où ils écriront le rapport Vrba-Wetzler qui sera le premier témoignage des horreurs commises à Auschwitz.

5

Évasion du Stalag Luft III

Toujours pendant la Seconde Guerre mondiale, on va parler de la plus grosse évasion de l'époque qui a d'ailleurs inspiré le film *La Grande Évasion*. La prison Stalag Luft III était un camp réservé aux pilotes alliés qui en comptait plus de 10 000 en 1944. À partir du printemps 1943, le projet d'évasion se met en place. Trois tunnels commencent à être creusés. Pourquoi trois ? Pour en avoir deux de secours au cas où l'un des tunnels serait découvert !

Dans la nuit du 24 au 25 mars 1944, l'évasion commence. 200 prisonniers étaient censés s'évader mais seules 76 personnes parviennent à sortir de l'autre côté du tunnel sans être vus. Le 77e est repéré par une tour de garde et se rend. Sur les 76 évadés, presque tous seront recapturés et exécutés. Seuls trois s'en sortiront.

4

Évasion de la prison de Sarposa

La prison de Sarposa se situe à Kandahar, en Afghanistan. C'est une prison presque entièrement réservée aux talibans. En 2011, sur le millier de détenus de la prison, près de 470 parviennent à s'enfuir par un tunnel long de 360 mètres, qui avait été creusé de l'extérieur avec l'aide d'ingénieurs et de géologues partisans des talibans. Ça fait beaucoup 470, non ? Oui, sauf que ce n'est pas la seule évasion spectaculaire dans cette prison. En 2008, déjà, une trentaine de talibans avaient lancé une attaque contre la prison permettant à l'intégralité des prisonniers, soit près de 1 200 hommes, de s'enfuir.

3

Évasion de la prison d'Alcatraz

Alcatraz est une des prisons les plus célèbres du monde. Elle se situe sur une île dans la baie de San Francisco aux États-Unis. Elle est connue pour avoir accueilli des prisonniers emblématiques comme Al Capone mais aussi parce qu'elle était à l'époque l'une des prisons les plus sûres. En presque 30 ans, il n'y a eu que 14 tentatives d'évasion et seuls 5 détenus n'ont jamais été retrouvés. Les plus célèbres d'entre eux sont le trio composé des frères Clarence et John Anglin ainsi que de Frank Morris. Ils ont passé près de deux ans à creuser petit à petit le mur de leur cellule, autour d'une plaque d'aération. Ce trou leur donnait accès à un couloir de service. Une fois dans ce couloir, ils pouvaient facilement rejoindre le toit et donc la mer ! Ils avaient d'ailleurs prévu un petit radeau d'imperméables volés à d'autres détenus. Ils s'enfuirent dans la nuit du 11 juin 1962 et ne furent jamais retrouvés !

2

Évasions des prisons de Luynes et de Grasse

Pascal Payet est le roi français de l'évasion. En 2001, il est condamné pour avoir braqué un convoi de fonds et tué l'un des convoyeurs. Peu avant son procès, il se trouve dans la prison de Luynes. Le 12 octobre, des complices détournent un hélicoptère et le posent dans la prison afin que Pascal et un codétenu puissent s'échapper. En 2003, c'est Pascal qui détourne un autre hélicoptère pour revenir se poser dans la même prison et sauver deux de ses amis. Mais seulement un mois après, le 9 mai, la petite bande est arrêtée et Pascal est condamné à 30 ans de prison. Sauf que le 14 juillet 2007, rebelote, des complices viennent le chercher à la prison de Grasse, en hélicoptère bien évidemment ! Depuis, il a été rattrapé et est transféré dans une nouvelle prison tous les six mois pour éviter une nouvelle évasion !

1

Évasion d'un poste de police de la ville de Daegu

Direction la Corée du Sud. En septembre 2012, un certain Choi Gap Book est arrêté et accusé de vol. Cinq jours plus tard, toujours en garde à vue, il enduit le haut de son corps d'huile et va se servir des techniques de yoga pour s'échapper de sa cellule. Ayant pratiqué cette discipline pendant plus de 20 ans, il est un véritable maître contorsionniste. Il attend tout simplement que les gardes soient endormis pour se glisser hors de sa cellule en passant par la trappe à nourriture. Cette trappe mesure seulement 15 cm de haut et 45 cm de large... Depuis, il a été rattrapé et placé dans une cellule avec une trappe à nourriture bien plus petite !

7 ANIMAUX EN DANGER CRITIQUE D'EXTINCTION

7

LE SAOLA

(Pseudoryx nghetinhensis)

VIÊTNAM ET LAOS

Ce petit bovin (même famille que la vache ou le buffle) est très très rare. Depuis 1999, seuls deux saolas ont été aperçus. Ils vivent dans des forêts difficilement accessibles dans les montagnes qui forment la frontière entre le Viêtnam et le Laos et on estime leur population à moins de 750 individus.

6

LE LÉOPARD DE L'AMOUR

(Panthera pardus orientalis)

CHINE, RUSSIE, CORÉE DU NORD

Non, ce léopard ne tient pas son nom d'un excès de romantisme mais tout simplement du fleuve Amour, qui tient lieu de frontière entre la Chine et la Russie et qui est le berceau natal de ce félin. En comptant les populations éparpillées entre la Russie, la Chine et la Corée du Nord, il y aurait moins d'une centaine de léopards de l'amour dans la nature. Heureusement, un programme de conservation est en place et compte environ 200 félins en captivité.

5

LE DIDUNCULE STRIGIROSTRE

(Didunculus strigirostris)

ÎLES SAMOA

Cet oiseau est l'emblème des îles Samoa. Il est de la même famille que les pigeons et ne se trouve que sur certaines îles de l'archipel. Pas mal de facteurs expliquent la raréfaction de cette espèce (déforestation, cyclones, introduction d'espèces non endémiques comme les chiens, les chats qui deviennent des prédateurs, etc.). On estime la population du diduncule à moins de 50 individus actuellement.

4

LE RHINOCÉROS DE JAVA

(Rhinoceros sondaicus)

INDONÉSIE

Autrefois, ce rhinocéros se retrouvait dans toute l'Asie du Sud-Est, de la Chine à l'Indonésie en passant par l'Inde ou le Viêtnam, mais de nos jours, il n'existe plus qu'une seule population comptant à peine 40 individus dans le parc national d'Ujung Kulon, sur l'île de Java, en Indonésie. Le braconnage est la principale cause du déclin de cette espèce. Le plus triste est qu'il n'existe aucun programme de conservation.

3

La *Coleura seychellensis*
SEYCHELLES

Dans les années 1970, cette petite chauve-souris pouvant vivre jusqu'à 20 ans était très répandue aux Seychelles. De nos jours, elle a totalement disparu de la majorité des îles de l'archipel et on pense qu'il ne resterait même pas 100 individus dans la nature. Et encore, on ne connaît qu'une seule population à l'heure actuelle qui se trouve dans une grotte sur l'île de La Digue et qui ne recense que 27 de ces chauves-souris.

2

LE FULIGULE DE MADAGASCAR
(*Aythya innotata*)
MADAGASCAR

Le fuligule est un canard, mais un canard très très rare. C'est simple, il ne vit que dans un seul lac perdu au fin fond de l'île de Madagascar. C'est un canard plongeur qui se nourrit d'algues et de petits insectes aquatiques. En 2011, 29 de ces oiseaux ont été recensés et seulement 21 en 2012.

1

LE GIBBON DE HAINAN
(*Nomascus hainanus*)
CHINE

Ce primate est endémique de l'île Hainan, au sud de la Chine. Il y a 60 ans, on comptait ces gibbons par milliers sur l'île mais leur population a rapidement chuté, principalement à cause du braconnage. En 2008, 15 individus ont été comptabilisés, répartis dans deux groupes distincts et on estime qu'il y aurait 4 ou 5 individus solitaires. Donc oui, au fin fond d'une forêt sur une île chinoise, il n'existe plus que 20 représentants d'une espèce de primates...

Deux données affolantes :
- Plus de 99 % des espèces ayant existé sont actuellement éteintes.
- Environ 35 000 espèces disparaissent chaque année.

7 objets cultes des années 1990

7

Les pogs

EMPILER PUIS DÉGOMMER DES BOUTS DE CARTON

À la base, les pogs étaient des rondelles de carton présentes dans les bouchons des bouteilles d'une marque hawaïenne de jus « Passion Orange Guava » . À partir de 1993, les pogs sont commercialisés à part et le succès est immédiat ! On en trouve dans toutes les cours d'écoles. Malheureusement, la mode des pogs a décliné aussi vite qu'elle a flambé !

6

Les tamagotchis

LE DÉBUT DU VIRTUEL

Tamagotchi est un mix entre les mots « tamago » (œuf) et « wotchi » (montre). Le principe de ce jeu est simple : vous devez élever un animal virtuel grâce à une petite console miniature, de la taille d'une montre. Si les tamagotchis continuent à être vendus de nos jours, c'est surtout dans les années 1990 qu'ils étaient très populaires. Au début, c'était très basique, il fallait nourrir l'animal quand il avait faim, ramasser son caca, jouer avec lui... Mais depuis 1996, c'est devenu beaucoup plus complexe ! Le petit animal peut recevoir du courrier, avoir un métier ; on peut même élever plusieurs générations de tamagotchis !

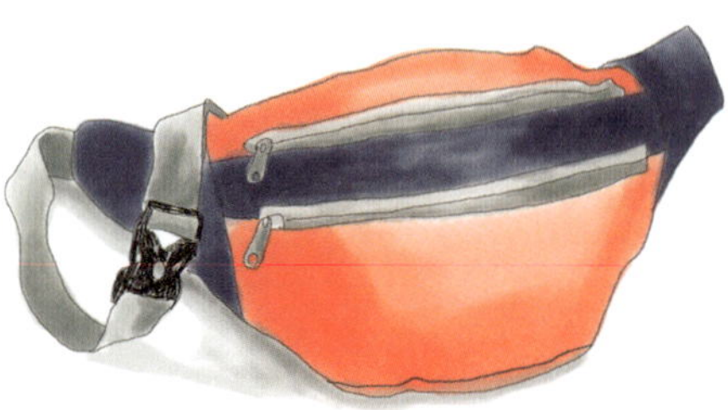

5

Les sacs banane

LE SUMMUM DE LA MODE

Soyons francs, à l'époque, cet accessoire culte des années 1990 était bien pratique. On y rangeait nos Game Boy, nos cartes de crédits, nos clés de voitures et nos bonbons (à adapter selon les âges !). Mais de nos jours, la banane est surtout associée aux touristes et aux gens hasbeen ; comme quoi, les stéréotypes ont la vie dure ! Depuis quelques années, de grandes marques de luxe essayent de remettre cet accessoire au goût du jour. Je leur souhaite bien du courage.

4

Les VHS

LE PAPA DU DVD, LE PAPI DU BLU-RAY

Les VHS datent de la fin des années 1970 et étaient très populaires jusque dans les années 1990 et l'arrivée du DVD en 1995. Ok, c'était pas extraordinaire comme support, ça prenait beaucoup de place, la qualité était pas exceptionnelle et ça s'abîmait très rapidement ; mais je peux vous assurer qu'à l'époque, on adorait ça ! Le nombre de Disney que j'ai vu sur VHS...

3

Les consoles

MARIO ET SA BANDE

À chaque décennie, sa génération de consoles (en gros hein...), et les années 1990 ne dérogent pas à la règle avec l'apparition notamment de la Game Boy, de la Super Nintendo ou encore de la Nintendo 64. Oui, je n'ai cité que des consoles Nintendo car je suis un gros fanboy. Plus sérieusement, à l'époque, c'était la folie sur ces consoles et cette folie revient progressivement de nos jours avec le développement du rétrogaming !

2

Le discman

AU MOINS 15 CHANSONS DANS LA POCHE

Après l'essor des cassettes audio, l'arrivée des CD a révolutionné le monde de la musique. En 1984 sort le tout premier lecteur de CD portable, mais c'est vraiment dans les années 1990 que la mode des discmans explose avec des versions qui vous permettent même d'écouter de la musique en courant (ce qui était un exploit à l'époque parce qu'au moindre mouvement, le CD sautait !). Petit à petit, au début des années 2000, les discmans laissent la place aux baladeurs MP3.

1

Les ordinateurs et internet

LE DÉBUT DE LA FIN

Comment parler des années 1990 sans parler des ordinateurs personnels et surtout d'internet. En 1994, il y avait 500 sites sur internet, en 1997, il y en avait déjà 1 000 000 et en 2015, il y en aurait pratiquement 1 000 000 000. Oui, c'est exponentiel.

Il faut aussi s'imaginer que dans les années 1990, avec les modems analogiques, regarder une vidéo était impossible et il fallait parfois des dizaines de minutes pour charger une unique photo. C'était laborieux, certes, mais tellement révolutionnaire !

7 des endroits les plus pollués sur Terre

7 LA VILLE DE TCHERNOBYL

La catastrophe de Tchernobyl, qui a eu lieu en 1986, est le pire accident nucléaire de l'histoire : des centaines de milliers de personnes furent évacuées à l'époque. 30 ans après, la zone est toujours très contaminée. Le sol, les nappes phréatiques, les végétaux, les animaux, rien n'a été épargné par les retombées radioactives. Aujourd'hui, quelques centaines de personnes vivent à Tchernobyl et la plupart sont des « liquidateurs » – des hommes qui travaillent à résorber la pollution.

6 LA VILLE DE DZERJINSK

Comme beaucoup de villes de ce classement, Dzerjinsk est un grand centre industriel. Cette ville russe est depuis longtemps spécialisée dans l'industrie chimique. C'est par exemple là que la majorité des armes chimiques soviétiques étaient fabriquées, comme le fameux gaz moutarde. De nos jours, l'espérance de vie à Dzerjinsk n'est que de 42 ans chez les hommes et 47 ans chez les femmes, c'est dingue ! Beaucoup de déchets ont été enterrés sur place et forcément, une fois que les sols sont contaminés, toute la population en souffre. Le pire, c'est que vu que certaines productions chimiques sont militaires et classées top secret, la Russie ne reconnaît même pas l'état écologique de la ville vu qu'elle ne reconnaît même pas l'existence de ces usines !

5

LA VILLE D'AHVAZ

À Ahvaz, en Iran, c'est principalement l'air qui est pollué ; il le serait d'ailleurs trois fois plus que l'air de Pékin, c'est pour dire. Il y a deux raisons principales à ça. Déjà, il fait chaud à Ahvaz, mais genre très chaud : l'été il fait facilement 50 °C. Or la ville regorge d'usines et d'activités industrielles surtout relatives au pétrole. Et quand il fait chaud, les fumées émises par ces usines stagnent au sol ! De plus, la région est très souvent balayée par d'importantes tempêtes de sable et franchement, ça n'arrange pas les choses.

4

LA VILLE DE VAPI

Vapi est une petite ville indienne où sont concentrées des centaines d'industries. Pour le coup, on y produit de tout : du chlore, des teintures, des engrais, des textiles ou encore des pesticides, et forcément, ces activités industrielles rejettent énormément de déchets comme du cyanure, des pesticides, des métaux lourds, etc. Bref, tout s'accumule dans les sols et surtout dans la rivière Kolak, qui est essentielle à la vie de tous les jours des populations souvent pauvres alentour. Alors, forcément, c'est moyen niveau santé.

3

LE LAC KARATCHAÏ

On retourne en Russie pour parler de ce petit lac qui se trouve à proximité d'un énorme complexe de production de matériaux radioactifs. Depuis plus de 50 ans, énormément de déchets très radioactifs sont déversés dans le lac. Bah oui, on s'est dit que bon, un lac fermé, ça va, il n'y a aucun risque. Lol.

Bien souvent, avec les températures, le lac s'assèche un peu et forcément, un coup de vent et ce sont des milliers de kilomètres qui se font contaminés. Pour info, moins d'une heure passée à proximité du lac suffit pour recevoir une dose létale de radiations.

2

LA VILLE DE LINFEN

Il fallait bien qu'on parle dans ce classement d'une ville chinoise. C'est connu, beaucoup de villes en Chine sont très polluées et Linfen est certainement le pire exemple. Dans cette ville de plus de 4 millions d'habitants, la pollution vient surtout des différentes industries du charbon présentes dans la région. C'est simple, tout fonctionne au charbon : entreprises comme particuliers qui se chauffent au charbon. Il suffit d'ajouter à ça une circulation automobile complètement archaïque et vous obtenez une ville où l'air est irrespirable.

1

LE FLEUVE CITARUM

Je vous encourage (ou pas en fait) à taper « fleuve citarum » sur Google images pour vous rendre compte par vous-même de l'étendue de la pollution de ce cours d'eau indonésien. Il est dans un état catastrophique. Des dizaines de tonnes de déchets domestiques y sont déversées chaque jour et beaucoup d'usines de textiles, qui se trouvent sur ses berges, y rejettent des produits très toxiques. Le pire, c'est que des millions de personnes dépendent de ce fleuve et utilisent son eau pour boire ou se laver. L'eau est également utilisée pour l'irrigation de centaines de milliers d'hectares... Bref, c'est un véritable désastre humanitaire et écologique.

7 des pires décisions prises par des entreprises

7

BLOCKBUSTER REFUSE DE RACHETER NETFLIX

2000

Dans les années 2000, Blockbuster est le plus gros loueur de VHS et de DVD en Amérique du Nord. Netflix existe déjà mais n'est pas ce qu'il est aujourd'hui : c'est un service de location de DVD par courrier. À l'époque, Netflix propose à Blockbuster de le racheter pour 50 millions de dollars. Le PDG de Blockbuster refuse. Dix ans plus tard, on voit le résultat : Netflix est un pilier de la VOD et Blockbuster n'existe plus.

6

APPLE LICENCIE STEVE JOBS 1985

Bien que ce soit Steve Jobs qui ait fondé Apple, il est licencié en 1985. On lui reproche alors de faire couler l'entreprise. Steve ne se laisse pas abattre : il fonde NeXt, rachète Pixar (qui était au début une simple entreprise de matériel informatique) et en fait la machine de guerre qu'on connaît aujourd'hui. Dix ans plus tard, Apple rachète NeXt, et Jobs retourne bosser pour la pomme en devenant CEO. C'est à partir de là qu'il lance l'iPod, l'iPhone ou encore l'iMac.

5

KODAK NE DÉVELOPPE PAS LE NUMÉRIQUE

1975'S

Kodak était le leader des appareils photos argentiques et des pellicules il y a 30 ans. La rumeur court que la société ait possédé le brevet pour les appareils numériques dès 1975 mais, ne souhaitant pas faire du tord à l'industrie de l'argentique, elle n'a rien développé. Sauf que d'autres sociétés s'en sont chargées, poussant la compagnie à la faillite en 2012.

4

MARS COMPANY REFUSE UN PLACEMENT DE PRODUIT DANS E.T.

1981

Lorsque la société produisant *E.T. L'Extraterrestre* propose à M&M's un deal, une publicité pour le film sur leur paquet contre un placement de produit, M&M's refuse. À la place, c'est Reeses Pieces (leur concurrent qui vend aussi des bonbons aux

cacahuètes) qui profitera de l'occasion et surtout de l'incroyable succès du film de Spielberg.

3

WESTERN UNION NE DÉCROCHE PAS LE TÉLÉPHONE

1876

À la fin du XIXe siècle, Western Union était une société américaine spécialisée dans les télégrammes. Lorsque Graham Bell, l'inventeur du téléphone, propose à Western Union d'acheter son brevet pour 100 000 $, afin de le commercialiser, on lui répond que ce « jouet électrique » ne se vendra pas. Ils ont dû s'en mordre les doigts longtemps...

2

CENTURY FOX BRADE LES PRODUITS DÉRIVÉS DE STAR WARS

1977

En 1977, alors que *Star Wars* n'est pas encore sur les écrans, George Lucas, le réalisateur du film, propose un deal à la Century Fox qui produit le film mais qui n'y croit pas vraiment : réduire ses droits d'auteur de 500 000 à 150 000 $ en échange des droits sur les produits dérivés du film. Ils acceptent avec plaisir. Plus de 35 ans plus tard, cette opération a rapporté plus de 3 milliards de dollars à George Lucas, rien que ça !

1

DECCA RECORDS BOUDE LES BEATLES

1962

Cette histoire est très connue mais elle se devait d'être dans cette liste. En 1962, lorsque les Beatles viennent auditionner chez Decca Records, on leur répond que leur style *Boys band* qui joue de la guitare ne fonctionnera pas. C'est George Martin, leur producteur, qui les fera signer chez EMI (remplaçant au passage Pete Best par Ringo Star). Ce qui s'appelle « avoir du nez » quoi...

7 DES ANIMAUX LES PLUS MEURTRIERS

7

Les mouches tsé-tsé (Glossina)

≈ ENTRE 7 500 ET 10 000 MORTS PAR AN

Ces décès sont dus à la maladie du sommeil dont la mouche tsé-tsé est le vecteur.

6

Les réduves

≈ 10 000 MORTS PAR AN

Ces décès sont dus à la maladie de Chagas dont les réduves sont le vecteur. Les réduves sont une famille de punaises carnivores qui aspirent le sang de leurs proies.

5

Les vers Ascaris (Ascaris lumbricoides)

≈ 10 000 MORTS PAR AN

Ces décès sont principalement provoqués par l'ascaridiose, une infection parasitaire due aux vers ascaris et qui peut entraîner de gros problèmes intestinaux (occlusion, etc.)

4

Les chiens (Canis lupus familiaris)

≈ 25 000 MORTS PAR AN

La quasi totalité des décès attribués aux chiens sont en fait dus à la rage. Si un vaccin existe depuis longtemps, beaucoup de populations pauvres n'y ont pas accès.

3

Les serpents

≈ 30 000 À 90 000 MORTS PAR AN

La fourchette est large car la majorité des morsures ont lieu dans des zones très pauvres et peu développées. Les données peuvent donc énormément varier mais la majorité des décès surviennent en Afrique et en Asie du Sud-Est. Parmi les espèces les plus dangereuses, on peut citer le crotale, le mamba noir ou encore la vipère de la mort !

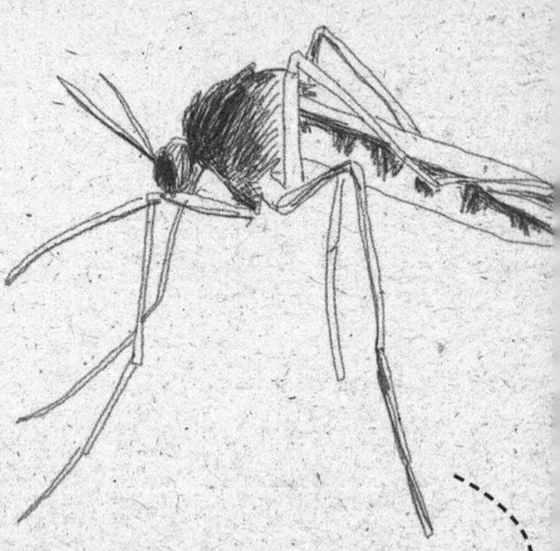

2 Les hommes (Homo sapiens)

≈ 500 000 MORTS PAR AN

Eh oui, l'un des animaux les plus meurtriers pour l'homme est tout simplement l'homme lui-même, par temps de guerre ou non. À noter que la majorité des meurtriers et des victimes sont des hommes.

1 Les moustiques (Culicidae)

≈ 720 000 MORTS PAR AN

Les moustiques sont vecteurs de plusieurs maladies mortelles, ce qui explique le nombre de décès dont ils sont responsables. Le paludisme est la pire de ces maladies ; en 2012, par exemple, ce sont près de 620 000 personnes qui ont succombé au paludisme.

7 festivals insolites

7 Boryeong Mud Festival

UN FESTIVAL BIEN CRADO

En juillet 1998, une grosse opération marketing est lancée afin de vanter les qualités d'une boue particulièrement riche en minéraux qu'on trouve près de Boryeng, en Corée du Sud. Avec les années, l'événement s'est transformé en un véritable festival autour de la boue avec massages, concours de photos, combats de lutte et jeux pour enfants.

6 La Colacho

NE TRÉBUCHEZ PAS !

Ce festival catholique se déroule depuis 1620 dans le petit village de Castrillo de Murcia au nord de l'Espagne. Pendant les célébrations, qui ont lieu 60 jours après Pâques, les nouveau-nés sont mis à l'honneur. Ils sont allongés au sol, sur des petits matelas, et les hommes de la ville, une fois masqués, sautent par-dessus les bébés. Ils sont censés représenter le diable et performent ainsi une sorte de bénédiction ; un rituel purifiant protégeant les enfants du mal.

5

Holi Festival

LA FÊTE ARC-EN-CIEL

La holi, aussi appelée fête des couleurs, est très connue mais je me devais de l'inclure dans ce classement. Célébrée partout en Inde depuis l'Antiquité, cette fête se répand de plus en plus en Occident. Si on connaît l'image des gens heureux, se badigeonnant de poudre de couleur, il ne faut pas oublier que c'est une fête religieuse à part entière qui consiste à célébrer la victoire du bien sur le mal en se changeant de couleur. Les festivités durent deux jours et la tradition veut que le soir, on rende visite à la famille et aux amis afin de leur apporter de la nourriture.

4

La Pourcailhade

TOUT EST BON DANS LE COCHON !

Dans la petite commune de Trie-sur-Baïse (le tréma est important !) a lieu tous les ans un festival très particulier, la Pourcailhade. Cette fête a pour thème

le cochon. On y trouve des ateliers pour enfants, des repas à base de cochon, un championnat du plus grand mangeur de boudin mais surtout, le concours d'imitation du cri du cochon, et ça, c'est vachement cool !

touristes prévoient leur visite à cette période pour profiter du spectacle des lanternes, ainsi qu'à Hong Kong pour le défiler du dragon, où des centaines de personnes se relaient pour réaliser la dance du dragon de feu dans la rue.

3

Moon Festival

OBJECTIF LUNE

Ce festival chinois s'appelle aussi littéralement le « festival du milieu de l'automne ». C'est la plus grande célébration du pays après le Nouvel An. Pendant cette période, la lune est plus visible qu'à tout autre moment de l'année et on se doit de la contempler. De nombreux

2

Yi Peng Lantern Festival

DES LUCIOLES COMME S'IL EN PLEUVAIT

En Thaïlande a lieu, au mois de novembre, ce festival spirituel et très populaire. Des milliers de personnes lâchent des lanternes de nuit. À l'origine, cette fête est célébrée par les bouddhistes pour qui ces lâchers de lanternes symbolisent un nettoyage spirituel de leur âme ; on enlève les ondes négatives et on vénère le grand Bouddha. Visuellement, c'est magique.

1

Kanamara Matsuri

SORTEZ COUVERTS !

Je ne pouvais pas faire une liste de festivals sans parler de cette fête japonaise. On y célèbre le phallus ! D'ailleurs, Kanamara Matsuri se traduit pas « fête du pénis de fer ». La célébration se déroule dans la rue et est un événement familial. Des porteurs transportent des pénis géants, de toutes les tailles, matières et couleurs, jusqu'au sanctuaire de Kanamara. L'origine de ce festival célébré depuis 1977 viendrait du fait que les prostituées priaient au temple Kanamara pour se protéger des maladies. De nos jours, c'est un spectacle auquel tout le monde participe (même les enfants !).

7 DES MATÉRIAUX LES PLUS CHERS DU MONDE

7

Le safran

C'est l'épice la plus chère du monde. Le safran se récolte dans le pistil d'une fleur de crocus. Comptez environ 150 fleurs pour obtenir un gramme de safran et ce gramme peut monter jusqu'à 30 euros.

6

L'or

Contrairement à une idée bien ancrée, l'or est loin d'être la matière la plus chère du monde ! Au moment où ce livre est bouclé, le gramme d'or se négocie à 33,20 euros.

5

La corne de rhinocéros

Un gramme de cette poudre vaut environ 50 euros sur le marché noir – sa vente étant totalement interdite. Elle est consommée en Asie du Sud-Est pour soi-disant augmenter la virilité.

4

Le LSD

Le LSD est une drogue consommée sous forme de petits carrés de papier imbibés. La forme liquide est la plus commune mais il existe aussi sous forme de cristaux. Un gramme de ces cristaux peut s'élever à 2 700 euros.

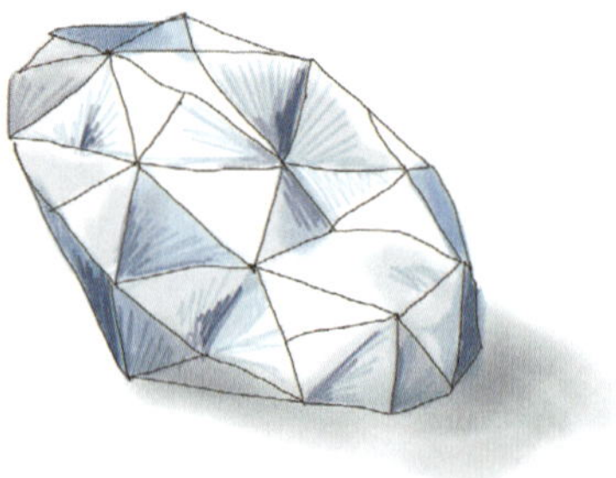

3

Le diamant

Un diamant de base se négocie en moyenne à 11 500 euros le carat (5 carats = 1 gramme), soit 57 500 euros le gramme. Le diamant le plus cher de l'histoire s'est vendu à 15 712 279 euros et pesait 1,7 gramme. Un gramme valait donc environ 9 250 000 euros. Pas donné !

2

Le Californium 252

C'est un métal radioactif utilisé pour amorcer des réactions de fission nucléaire. Seuls deux laboratoires en produisent. Celui se trouvant aux États-Unis met quatre ans pour produire un gramme. Ils le vendent par microgramme, 53 euros la dose, soit 53 millions d'euros le gramme...

1

L'anti-matière

Seul le CERN étudie et produit de l'anti-matière, en gros l'opposé de la matière. Ça ne se vend pas mais en additionnant tous les coûts nécessaires à un gramme, on arrive à 100 000 000 000 000 dollars...

Cette liste est subjective, je n'ai pas cité par exemple le Tritium (26 000 €/g), la taafféïte (18 000 €/g), la painite (8 000 €/g), le plutonium (3 500 €/g), la cocaïne (190 €/g), l'héroïne (115 €/g), la méthamphétamine (88 €/g) ou encore le platine (53 €/g). Et bien entendu, ces prix sont liés à des taux qui changent avec le temps. Ils ont donc dû évoluer au moment où vous lisez ces lignes !

7 micronations inconnues au bataillon

7

LA RÉPUBLIQUE DE SAUGEAIS

Située en France

Créée en 1947, cette république englobe une dizaine de communes situées dans le Jura. Fondée après une blague entre le préfet du Doubs de l'époque et le patron d'une auberge, le truc a pris des proportions énormes ! La république a maintenant son hymne, son drapeau, son blason, ses timbres et même sa monnaie (inutilisable bien évidemment !).

6

LE GRAND DUCHÉ DE WESTANTARTICA

Situé en Antarctique

Une large portion de l'Antarctique n'est reconnue par aucun état. En 2001, Travis McHenry a tout simplement décidé de se l'approprier. La loi est claire : aucun pays ne peut réclamer de nouvelles terres en Antarctique ! Pas de problème, Travis a réclamé cette portion en tant qu'individu. Bien évidemment, aucune nation n'a pour le moment reconnu le Grand duché !

5

FREETOWN CHRISTIANA

Située au Danemark

Christiania est, à la base, un quartier de Copenhague qui, progressivement, s'est séparé du reste de l'État. La création officielle de cette micronation date de 1971. Environ 1 000 personnes y vivent. Ses habitants sont adeptes de méditation, de yoga et on peut légalement acheter à Christiania de la *marijuana*. De l'extérieur, cette « ville-libre » ressemble à un squat géant mais l'ensemble est très structuré et l'État danois semble maintenant tolérer l'existence de Christiana.

4

L'EMPIRE AÉRICAIN

Situé un peu partout sur Terre

L'Empire Aéricain est fondé en 1987 par Eric Lis, un canadien autoproclamé empereur. Cette micronation est très drôle : leur drapeau contient un smiley qui sourit, il est possible de se télécharger une carte d'identité par internet mais surtout, elle revendique des territoires divers – quelques mètres carrés au milieu de l'Australie, un petit bout de Mars, tout l'hémisphère Nord de Pluton et même l'intégralité d'une planète imaginaire. Bref, des rigolos !

3

LA PRINCIPAUTÉ DE SEBORGA

Située en Italie

Les habitants du village de Seborga revendiquent son indépendance en se basant sur le fait qu'il y a des centaines d'années, le village n'était pas mentionné sur un acte de vente et donc, qu'indirectement, il n'appartient pas à l'Italie. En gros, lors de l'unification de l'Italie, courant XIXe siècle, Seborga n'apparaît sur aucun document officiel. Beaucoup de touristes viennent donc visiter cette principauté qui a ses propres passeports, sa propre monnaie et même son propre gouvernement !

2

LA PRINCIPAUTÉ DE HUTT RIVER

Située en Australie

En novembre 1969, l'Australie impose certains quotas à un agriculteur d'Australie-Occidentale. N'étant pas d'accord, il décide tout simplement de déclarer l'indépendance de sa propriété qu'il nomme la principauté de Hutt River. Grâce à ça, il vit principalement du tourisme. Des dizaines de milliers de touristes visitent l'endroit tous les ans et peuvent acheter des timbres ou encore de la monnaie locale. La principauté n'est pas reconnue par l'Australie mais il semblerait qu'elle soit exonérée d'impôts...

1

LA PRINCIPAUTÉ DE SEALAND

Située au large du Royaume-Uni

Le cas de Sealand est particulier. Il s'agit d'une vieille plate-forme militaire datant de la Seconde Guerre mondiale se trouvant à environ 10 km des côtes anglaises. En 1966, alors que la plate-forme est abandonnée, Roy Bates s'y rend en bateau, en prend possession, déclare l'indépendance de Sealand... et voilà. Jusqu'à 5 habitants ont vécu sur la plate-forme. Cette micronation est très connue car

elle se trouvait au moment de sa création dans les eaux internationales ; les lois britanniques ne s'y appliquaient donc pas et une véritable guerre de possession a eu lieu entre les autorités et Roy Bates !

Les micronations sont un groupe de personnes déclarant leur indépendance mais non reconnus par les autorités en vigueur. Il y en aurait 400 dans le monde, qui possèdent leur drapeau, leur emblème, leur monnaie…
À ne pas confondre avec les micro-états ou les territoires autonomes.

7 végétaux en danger critique d'extinction

7

L'*Euphorbia tanaensis*

KENYA

Cette espèce d'euphorbes ne se trouve qu'au Kenya et uniquement dans la forêt de Witu qui est une zone protégée par le gouvernement kenyan. Et heureusement car il ne resterait pas plus de 20 spécimens dans la nature.

6

Le pin de Qiaojia (*Pinus squamata*)

CHINE

Cet arbre est une des espèces de pin les plus rares de la planète. On le retrouve à 2 200 mètres d'altitude, sur le versant d'une montagne se trouvant au nord-est de la province du Yunnan. Il n'y aurait plus qu'entre 18 et 20 individus.

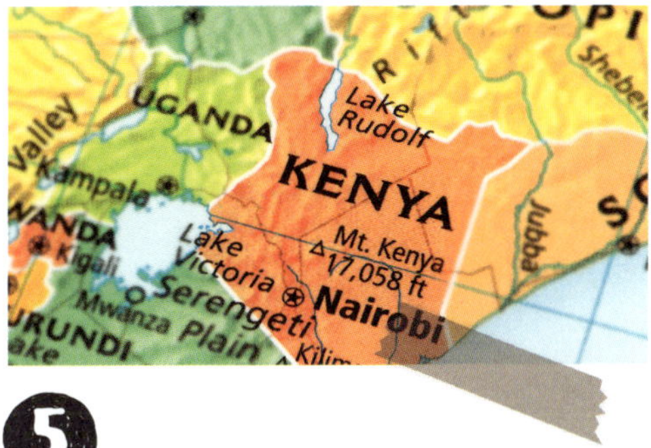

5

Le *Voanioala gerardii*

MADAGASCAR

Ce palmier est endémique de Madagascar. Les locaux le nomment « cocotier de forêt ». On ne le retrouve que sur 3 sites distincts perdus au fin fond d'une forêt plutôt inaccessible. Ces arbres sont principalement coupés pour leur cœur consommé par la population locale. Il n'existerait qu'une quinzaine de ces palmiers dans la nature.

4

Le Dipterocarpus lamellatus

MALAISIE

Ce grand arbre se trouve dans la partie malaisienne de l'île de Bornéo. Les 12 individus restant dans la nature sont principalement menacés par l'exploitation humaine et la déforestation importante dans la région.

3

Le pin du Baishanzu (Abies beshanzuensis)

CHINE

Le pin du Baishanzu n'est pas un pin ! C'est en fait un sapin, un genre tout à fait différent. Et c'est le sapin le plus rare du monde. Il ne pousse que dans certaines forêts de la province de Zhejiang à une altitude comprise entre 1 400 et 1 800 mètres. Il ne resterait plus que 5 individus matures aujourd'hui.

2

Le Magnolia wolfii

COLOMBIE

Cet arbre gigantesque est endémique du département de Risaralda en Colombie. En août 2006, une équipe de scientifiques a découvert 3 de ces arbres en pleine forêt tropicale et ce sont à ce jour les seuls représentants de l'espèce à l'état sauvage. Depuis, les autorités du pays et l'université technologique de Pereira ont lancé une campagne de conservation et ont réussi à faire germer des dizaines de *Magnolia wolfii*. C'est très encourageant !

1

Le bois dentelle (Elaeocarpus bojeri)

ÎLE MAURICE

Dans un ancien cratère volcanique, sur l'île Maurice, se trouve un lac nommé Grand Bassin. Autour de ce lac se trouve notamment un petit temple hindou. C'est autour de ce temple que l'on peut trouver le bois dentelle, un petit arbre à fleurs très rare. C'est simple, il n'y aurait plus que 2 de ces arbres. Heureusement, les autorités ont décidé d'intervenir et auraient réussi à faire pousser quelques petits plants !

7 métiers hors du commun

7 Les pousseurs de voyageurs

Les pousseurs de voyageurs travaillent au Japon où il est coutume de s'entasser un maximum dans les métros plutôt que d'attendre le prochain. Leur tâche est simple : à l'aide de gants blancs, ils doivent s'assurer que tout le monde rentre bien dans le train et que les portes puissent se refermer. Et pour ça, il ne faut pas avoir peur de pousser !

6 Les auto-stoppeurs professionnels

À Djakarta, en Indonésie, les embouteillages sont tels que dans certaines avenues, une loi oblige maintenant chaque conducteur à avoir au moins deux passagers avec lui. Beaucoup d'Indonésiens très pauvres s'alignent donc le matin et le soir le long des routes et se font payer pour faire du stop et ainsi éviter aux automobilistes une amende.

5 Les pleureuses

Dans certains pays africains ou asiatiques, il est de coutume de pleurer et de se lamenter un maximum pendant un enterrement. En effet, selon les croyances, le respect que l'on voue au défunt se mesure à l'aune des lamentations entendues lors de la cérémonie funéraire. Ainsi, pour quelques pièces, vous pouvez engager des pleureuses qui viendront participer au deuil d'un proche.

4 Les testeurs d'hôtels

Ne croyez pas que c'est un métier de rêve ! Déjà, on n'est jamais chez soi, on doit tout le temps voyager et puis ça ne s'arrête pas là ! La journée, on doit tester les activités de l'hôtel (jet-ski, golf, piscine ou autre). On doit aussi analyser le restaurant de l'hôtel qui est souvent gastronomique et étoilé... Non, en fait, j'avoue, c'est vraiment un métier de rêve !

3 Les testeurs de croquettes

Pourquoi s'embêter à vouloir être critique culinaire ? Il existe en effet des personnes chargées de goûter et d'analyser l'aspect nutritionnel et gustatif des croquettes pour chiens et chats. Ils ont aussi la chance de pouvoir goûter les pâtés, os à ronger et autres petites délicatesses. Après tout, nos animaux ne peuvent pas s'exprimer alors il faut bien quelqu'un pour parler à leur place !

2 Les renifleurs

Beaucoup de personnes vivent grâce à leur nez, et ce, dans beaucoup de domaines. Créer des parfums, juger de la nourriture ou du vin, certes, mais pas que. Par exemple, il existe des gens employés par des marques de déodorants qui doivent s'assurer de l'efficacité de ceux-ci en reniflant des aisselles.

En Chine, il existe d'autres types de renifleurs. La médecine ancienne y est encore très utilisée et les docteurs la pratiquant emploient des personnes dont le travail consiste à reconnaître des débuts de maladies en sentant les pets des patients. Un métier dans le vent !

1 Les nettoyeurs manuels d'égouts

C'est une honte que ce métier existe encore, et pourtant, des dizaines de milliers d'Indiens exercent encore ce boulot. Sans aucune protection, ils passent leurs journées dans les égouts des grandes villes. En simple short et sandales, ils prennent des risques sanitaires pour nettoyer, à mains nues, les déchets des villes. Quant au salaire, vous vous doutez bien qu'en Inde, pour ce genre de travail, on est largement en dessous du seuil de pauvreté.

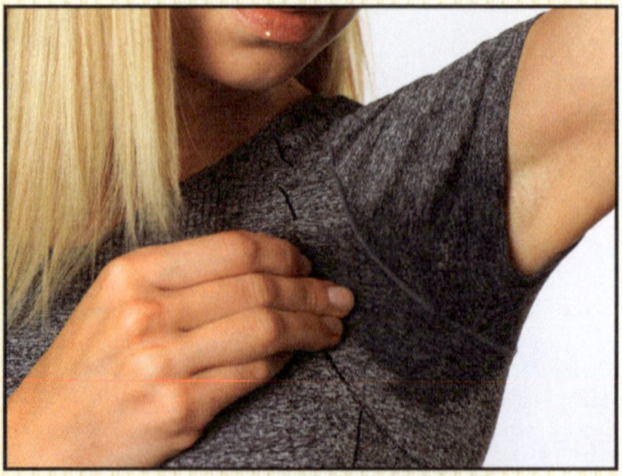

7 des objets les plus chers vendus aux enchères

7

THE robe de Marylin

VENDUE 1,3 MILLIONS DE $
EN OCTOBRE 1999

Il s'agit de la robe que portait Marilyn Monroe pour l'anniversaire du président Kennedy en 1962.

6

114 bouteilles de Romanée-Conti

VENDUES 1,6 MILLIONS DE $
EN OCTOBRE 2014

Les cuvées s'étalaient de 1992 à 2010. Ça fait à peu près 1 700 $ le verre de vin !

5

Un dollar datant de 1794

VENDU 10 MILLIONS DE $
EN JANVIER 2013

Une pièce du tout premier dollar américain « Flowing hair ». Il ne resterait qu'une centaine de ces pièces en circulation dans le monde.

4

Une Ferrari 250 GTP

VENDUE 28 MILLIONS DE $
EN AOÛT 2014

Elle datait de 1962...

3

Le Blue Moon Diamond

VENDU 48,5 MILLIONS DE $
EN NOVEMBRE 2015

La pierre mesure 12,03 carats et scintille d'un bleu intense. Elle a été découverte en Afrique du Sud en 2014.

2

Une sculpture de Giacometti

VENDUE 141,3 MILLIONS DE $ EN MAI 2015

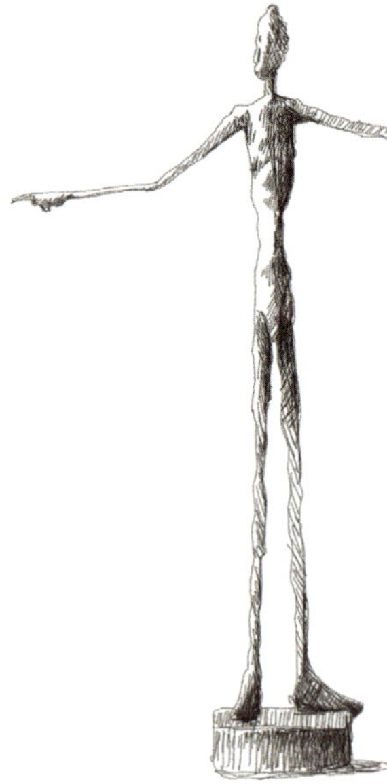

L'Homme au doigt a été réalisé en une nuit de l'année 1948 par le sculpteur Alberto Giacometti.

1

Un tableau de Picasso

VENDU 180 MILLIONS DE $ EN MAI 2015

Les Femmes d'Alger est une série de quinze peintures réalisée par Pablo Picasso en 1955. C'est un de ces tableaux – la version dite « O » – qui a atteint ce prix record.

7 ANIMAUX UTILISÉS EN TEMPS DE GUERRE

7

Les pigeons

On le sait, les pigeons sont utilisés depuis la nuit des temps comme messagers. En gros, un pigeon, dès que tu le lâches, il va retourner vers son colombier, et ce même s'il doit voler des heures. Par exemple, pendant la Première Guerre mondiale, des troupes se retrouvaient souvent bloquées à un endroit sans moyen de communiquer. Il existe plein d'histoires de pigeons qui ont sauvé des unités entières ! Mais ce qu'on sait moins, c'est que les pigeons ont aussi servi d'espions en faisant de la photo aérienne. Et oui, car un pigeon, on peut prédire sa vitesse et son trajet, du coup il suffit de lui accrocher un appareil photo à déclenchement programmable et voilà : on fait de la photo aérienne.

6

Les grenouilles, les serpents ou les coléoptères

Vous vous demandez le point commun entre ces trois types d'animaux ? C'est très simple et ça tient en deux mots : flèche empoisonnée.

Depuis des millénaires, et encore maintenant, beaucoup de tribus à travers le monde trempent la pointe de leur flèche dans du poison afin de tuer plus facilement une proie ou ennemi ; et mine de rien, beaucoup d'animaux sont assez venimeux pour être utilisés à cet effet : des serpents, des grenouilles ou encore des coléoptères. L'avantage avec cette façon de chasser, c'est qu'une fois cuite, la viande est entièrement comestible !

5

Les chameaux, les cochons ou les singes

Encore une fois, quel est le lien entre ces trois espèces animales ? En 1398, Tamerlan, un chef guerrier turco-mongol marche vers l'Inde et plus particulièrement vers la ville de Delhi. Une fois arrivée aux portes de la ville, son armée se retrouve face à une centaine d'éléphants de guerre surarmés. Au lieu de les tuer à coup de flèches, Tamerlan réunit quelques dizaines de chameaux et leur enflamme la queue. Ils se mettent alors à courir à fond vers les éléphants qui paniquent et battent en retraite en faisant beaucoup de dégâts dans leur propre camp. Après ça, Tamerlan n'a plus qu'à entrer dans la ville, tuer les guerriers restants et récupérer les éléphants pour lui ! De même, dans l'Antiquité, des cochons « incendiaires » ont été utilisés contre des éléphants de guerre. Des singes enflammés ont eux été envoyés dans des campements ennemis en Chine pour mettre le feu aux tentes et mettre la pagaille dans le camp.

4

Les rats et les moutons

Depuis quelques années, une ONG belge se consacre à élever et entraîner des rats à détecter des mines. Elle déploie ensuite ces rats un peu partout dans le monde, en Angola, au Mozambique ou encore au Cambodge. Mine de rien, ils sont très efficaces, déjà parce qu'ils ne détectent pas le métal mais bien la matière explosive – donc ils ne vont pas s'arrêter à chaque clou rouillé – mais aussi parce qu'en échange, on leur file juste une banane et ils sont contents.

En matière de déminage, on a également utilisé des moutons, pendant la

Première et la Seconde Guerres mondiales. Pour le coup, ils ne suivaient pas de formation particulière… On envoyait juste un troupeau entier de moutons sur un champ de mines histoire de les faire marcher sur toutes les mines. Du coup, plus de mines (mais plus beaucoup de moutons non plus…).

3

Les chatons

Au début des années 1960, on est en pleine guerre froide, les États-Unis et l'URSS ne sont pas les meilleurs amis du monde et adorent s'espionner. La CIA met alors au point l'opération chaton acoustique qui, sur le papier, était simple et très ingénieuse : espionner des Soviétiques à l'aide d'un chat. On implanta dans un de ces félins un micro, un émetteur et même une antenne dans la queue. Quelques dizaines de millions de dollars ont été investi là-dedans, pour rien… Car pour sa toute première mission, le chaton acoustique devait espionner deux hommes à proximité de l'ambassade d'URSS à Washington. Les agents se sont mis en position, le chat s'est lancé et… PAF, il s'est pris un taxi. Génial, le projet à 20 millions de dollars !

2

Les chauves-souris

Pendant la Seconde Guerre mondiale, les Américains ont développé le projet « Bat Bomb » qui consistait à fixer une petite bombe incendiaire à retardement sous une chauve-souris et à la lâcher à l'aube, au-dessus d'un village japonais. La chauve-souris, voyant la lumière du soleil, avait pour premier réflexe de trouver refuge dans un bâtiment ; et vu que la majorité des constructions japonaises étaient en bois ou en matière inflammable… Et les Américains comptaient en lâcher au moins 1 million à chaque fois.

Sur le papier, l'idée semblait fonctionnelle. Sauf que le 15 mai 1943, sur une base aérienne de l'Utah, quelques chauves-souris en test se sont échappées et ont décidé d'aller se planquer sous un réservoir d'essence… Ça, plus le fait que le développement du projet prenait beaucoup de retard, a entraîné l'abandon pur et simple de ce projet fumeux.

1

Les chiens

Bien entendu, les chiens ont toujours été utilisés en temps de guerre, ne serait-ce qu'en tant que chiens d'attaque. Mais je voudrais vous parler ici des chiens bombes (oui, comme les chauves-souris). Pendant la Seconde

Guerre mondiale, les soviétiques ont donc utilisé des chiens comme « bombe vivante ». Leur entraînement était simple : on les privait de nourriture pendant plusieurs jours et quand, finalement, on les autorisait à manger, on mettait leur nourriture sous un char. Après avoir suffisamment répété l'opération, il suffisait juste de leur fixer une bombe à retardement sur le dos et de les lâcher vers les troupes ennemies. Les pauvres chiens couraient ainsi sous les chars ennemis et les faisaient exploser. Finalement, les résultats du projet sont assez mitigés : les chiens ayant été entraînés avec des chars soviétiques, ils retournaient dans leur propre camp se réfugier sous ces mêmes chars !

7 codes indéchiffrables

7

LE CODE DE SHUGBOROUGH HALL

Sur un monument très célèbre, situé à Shugborough Hall, en Angleterre, se trouve une ligne de 8 lettres, elle-même située entre 2 lettres placées un peu plus bas. Personne ne sait ce que ces 8 lettres (O U O S V A V V) veulent dire. Charles Dickens et même Charles Darwin auraient tenté de résoudre ce code, sans succès. La rumeur veut que ce code soit un indice sur la localisation du Saint Graal.

6

LE MANUSCRIT DE VOYNICH

On ne connaît rien de ce manuscrit. Si ce n'est qu'il a été découvert en 1912 dans une communauté de jésuites près de Rome. On ne connaît pas son auteur, on ne sait pas de quoi il parle, et surtout, on ne sait absolument pas lire ce qu'il y a d'écrit dedans ! Ce qu'on sait, c'est qu'il date du début du XVe siècle et qu'on y trouve toutes sortes de dessins : des plantes, des croquis astronomiques ou encore des femmes nues se baignant et des textes rédigés dans un alphabet inconnu. Est-ce un livre de médecine médiévale ou un énorme canular d'un troll de l'époque ?

Plusieurs linguistes tentent de percer son mystère mais pour l'instant, c'est le flou total !

5

LE CHIFFRE D'AGAPEYEFF

En 1939, à la fin de son livre de cryptographie, l'auteur Alexander d'Agapeyeff propose aux lecteurs un message entièrement crypté. Le code est composé de plusieurs chiffres et on est censé pouvoir le résoudre si on a bien lu le bouquin. Sauf que personne n'a jamais réussi à le résoudre et que l'auteur ne se souvient pas de la clé de déchiffrement... Beaucoup pensent tout simplement que d'Agapeyeff s'est trompé lors du cryptage de son message...

4

LE CODE DE L'AFFAIRE « TAMAN SHUD »

Le 1er décembre 1948, sur une plage australienne, un corps est retrouvé. Son identité ne sera jamais connue. Plusieurs pistes sont envisagées, sa photo circule dans le monde entier mais personne ne semble capable de l'identifier. L'histoire prend une autre tournure quand on retrouve dans son pantalon un bout de papier portant l'inscription : « Taman Shud ». De fil en aiguille, on relie cette inscription à une vieille édition d'un livre de poèmes perses retrouvé dans une voiture. Au dos de ce livre se trouvent des inscriptions codées. Cinq lignes de lettres en capitales, cryptées, et qui jusqu'à présent n'ont jamais été déchiffrées. Du coup, le mystère quant à l'identité de l'homme reste entier !

3

LA SCULPTURE KRYPTOS

À Langley, en Virginie, se trouve le siège de la CIA. Depuis 1990, on peut voir dans son enceinte une sculpture particulière : Kryptos. Il s'agit en gros d'un énorme panneau en cuivre dans lequel ont été « découpées » environ 2 000 lettres réparties en plusieurs codes tous chiffrés de différentes manières. Si la plupart ont été décodés, il reste un panneau entier de la sculpture, soit 97 caractères, à déchiffrer. Des groupes entiers de recherche existent sur internet mais pour l'instant, la seule personne connaissant le code s'appelle Jim Sanborn (né en 1945) et n'est autre que le sculpteur lui-même !

2

L'ÉCRITURE PROTO-ÉLAMITE

L'élamite est une langue morte parlée il y a plus de 4 000 ans. L'écriture proto-élamite est une des trois graphies que cette langue a eues dans le temps. Malgré le fait qu'on ait retrouvé plusieurs centaines de supports gravés en cette langue, personne n'a encore réussi à la déchiffrer. Enfin presque : le système de chiffres est, lui, déchiffré car il se rapproche beaucoup d'écritures mésopotamiennes connues. Bref, une des plus vieilles écritures au monde attend encore d'être déchiffrée !

1

LE CRYPTOGRAMME DU TUEUR DU ZODIAQUE

À la fin des années 1960, en Californie, sévissait un tueur en série : le tueur du Zodiaque. Il assassina plusieurs personnes et rentra rapidement en contact avec la presse en envoyant des messages codés à plusieurs journaux. Seul un seul de ces cryptogrammes a pu être décodé. Le tueur y explique tout simplement pourquoi il tue. Il dit également que sa véritable identité est indiquée dans les autres cryptogrammes qui, quant à eux, n'ont jamais été décodés à ce jour. Toujours est-il que l'oiseau court toujours alors que lui sont attribués entre 5 et 200 meurtres selon les auteurs entre 1966 et 1978 ! Brrrr...

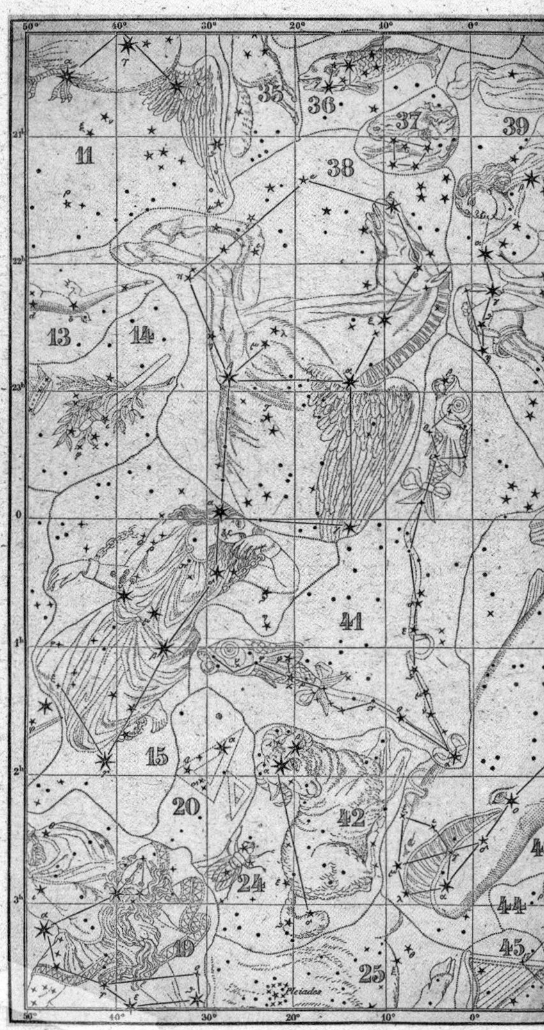

7 objets cultes des années 2000

7

LES APPAREILS PHOTOS NUMÉRIQUES

PLUS BESOIN D'ATTENDRE LE DÉVELOPPEMENT !

Déjà dans les années 1990, les premiers appareils photos numériques voient le jour, avec des technologies de plus en plus performantes. Mais c'est véritablement dans les années 2000, avec des marques comme Canon ou Nikon, que la photographie numérique se démocratise et rentre dans les mœurs. N'importe qui peut enfin prendre une photo, la regarder ou encore l'imprimer ! Personnellement, mon tout premier appareil était un Sony DSC-F707. Allez voir sur Google, c'était un monstre !

6

LE NOKIA 3310

PLUS RÉSISTANT QUE CHUCK NORRIS

Ce téléphone sorti en 2000 est l'un des portables les plus vendus de tous les temps avec plus de 126 millions d'exemplaires à travers le monde ! Petit et très robuste, il était réputé être incassable et c'est d'ailleurs comme ça que le Nokia 3310 est devenu un véritable mème sur internet. On était alors loin de l'obsolescence programmée des smartphones !

Il faut comprendre que pour l'époque, c'était une révolution. Même si le tout premier téléphone portable date de 1973, ce n'est qu'à la toute fin des années 1990 et surtout au début des années 2000 que cet objet devient viral, et le Nokia 3310 est un des premiers portables « à la mode ».

5

LES DVD

FINI LE TEMPS DES VHS À REMBOBINER !

Tout comme les VHS dans les années 1990, les DVD étaient incontournables dans les années 2000 et, malgré l'arrivée des Blu-ray, le sont encore de nos jours. Un DVD, c'est plus petit, plus résistant et moins cher à fabriquer qu'une VHS. Donc naturellement, le format a rapidement pris le dessus. Depuis, la capacité des DVDs ne cesse d'augmenter et forcément, la qualité aussi, et ça, c'est vraiment cool !

4

LES CONSOLES

LUIGI ET SA BANDE

Encore une fois, je ne peux pas faire un top sur les objets cultes d'une décennie sans parler des consoles de jeux. Et dans les années 2000, il y en a eu beaucoup… Vraiment beaucoup ! PlayStation 2, Xbox, Wii, Gamecube, PlayStation 3, Xbox 360, etc.

De plus en plus puissantes, ces consoles sont surtout de plus en plus innovantes : on peut jouer sans fil, en ligne, et même sans manette !

3

LES CROCS

LE STYLE À TOUTE ÉPREUVE

Les crocs, ça date de 2002, mais c'est surtout à partir de 2006 que les ventes décollent. À la base, ces petites chaussures en plastique sont faites pour être utilisées à la plage ou près de l'eau, mais à leur sortie, l'engouement est tel qu'on les utilise pour tout ! Les enfants en raffolent et les crocs deviennent vite très tendances au point que certaines stars s'affichent avec. Dix ans après, les ventes de ces chaussures sont en déclin. Une mode plutôt éphémère !

2

LE GPS

ALLEZ TOUT DROIT PENDANT 800 MÈTRES

Encore une technologie qui nous vient de l'armée. Oui, à la base, le GPS, c'est une idée des militaires américains. Ce n'est qu'en 2000 qu'ils rendent publique l'utilisation des données satellites qui permettent de se localiser n'importe où sur la planète. Comme internet, c'est une véritable révolution technologique. Commerce maritime, transport routier, randonnées, etc. Plus besoin de cartes ! Et comme toutes les technologies, elle est en permanence en train de s'améliorer avec une localisation toujours plus précise. D'ailleurs, vous connaissez le Geocaching ? Non ? Fouillez sur Google, vous allez adorer !

Imaginez-vous annoncer à Diderot, l'instigateur de l'Encyclopédie des Lumières, que dans 250 ans, toute l'humanité aura en permanence accès à l'intégralité du savoir humain grâce à une chose de la taille d'une main et qui se glisserait dans la poche ; qu'avec cette chose, on pourra capturer les images de la vie pour les visionner plus tard ; qu'avec cette chose, on pourra parler avec n'importe qui dans le monde ; et qu'avec cette chose, la plupart des gens passeront un max de leur temps à regarder des vidéos de chats mignons...

Les Smartphones, ça fait peur, c'est addictif, ça peut être dangereux, mais c'est indéniablement un des outils les plus innovants de l'histoire, et ça, c'est vraiment cool.

7 ANIMAUX AYANT DES SUPERPOUVOIRS

7

La crevette pistolet

LE COWBOY DES OCÉANS

Une crevette qui tue ses proies en leur tirant dessus ? C'est tout à fait sérieux ! Il existe plusieurs espèces de crevettes pistolet mais le principe de leur « arme » est le même. À l'aide d'une grosse pince qu'elle fait claquer, cette crevette crée une espèce de bulle qui implose très rapidement et très violemment, créant une onde de choc petite, localisée mais terriblement puissante. C'est simple, au moment de l'implosion, la température de l'eau monte brièvement à 4 700 °C. Oui, ça se rapproche de la température régnant à la surface du soleil...

6

L'oiseau-lyre

ENCORE MEILLEUR QU'UN PERROQUET

Vous pensiez que le perroquet était un super imitateur ? Bon j'avoue, il se défend, mais dans le monde de l'imitation, l'oiseau-lyre est le boss. Il peut pratiquement imiter n'importe quel son. Cet oiseau vit dans l'Est de l'Australie et a donc la capacité d'imiter les sons d'autres oiseaux, d'autres animaux mais aussi des sons pas du tout naturels comme le clic d'un appareil-photo, le moteur d'une tronçonneuse ou encore l'alarme d'une voiture ! Il existe beaucoup de vidéos sur internet le montrant à l'œuvre et c'est fascinant !

5

L'ornithorynque

IL POURRAIT BOSSER POUR EDF

Détecter les champs électriques autour de vous... On dirait une faculté unique d'un nouvel X-Men mais c'est bien une des facultés de l'ornithorynque. D'ailleurs, beaucoup de poissons sont dotés de ce « pouvoir » qu'on appelle couramment l'électroperception. L'ornithorynque est le seul mammifère connu à chasser ses proies grâce à cette fonction localisée dans son bec. En gros, ça lui permet de détecter les champs électriques produits par les muscles des animaux qu'ils chassent, donc le conseil que je peux donner aux futures victimes, c'est de ne surtout pas fuir et de rester totalement immobile !

4

La grenouille poilue

LE PÈRE DE WOLVERINE

J'ai beaucoup de mal à vous parler de cet animal, moi qui ai une véritable phobie des crapauds... Déjà, l'appellation de grenouille poilue est un peu mensongère : en vrai, en fait de poils, ce sont des excroissances de peau qu'elle a sur les flancs. On pense que ça lui permet d'absorber plus efficacement l'oxygène... Mais ce n'est pas son super-pouvoir...

Figurez-vous que, lorsqu'elle est menacée, elle est capable de se casser les os de la patte et de s'en servir comme de longues griffes en les projetant à travers sa propre peau ! Ça ne vous rappelle personne ?

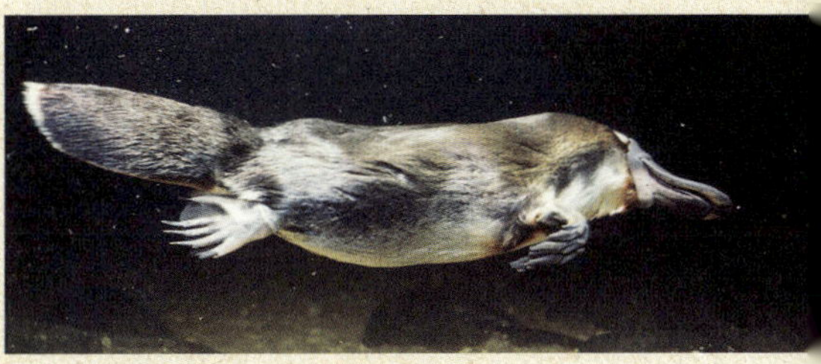

2

La *Turritopsis nutricula*

ELLE ENVAHIT DOUCEMENT LES OCÉANS

Être immortel, un rêve pour beaucoup. Une espèce de méduse en particulier, Turritopsis nutricula, a la chance de l'être. Alors, entendons-nous : elle est immortelle biologiquement, c'est-à-dire qu'elle peut mourir de plein de façons : prédateur, maladie, etc. Immortelle biologiquement, ça veut tout simplement dire qu'une fois adulte, elle peut retourner à sa forme juvénile et ce indéfiniment. Vous imaginez bien que les scientifiques bossent à fond sur ce phénomène pour comprendre comment ça marche. Une

3

La salamandre

VOUS CONNAISSEZ LE MYTHE DE L'HYDRE ?

Le lézard peut perdre sa queue sans problème puisqu'elle repousse. C'est déjà fort, comme exploit. Mais la salamandre fait encore mieux. Elle peut se faire amputer d'une patte et voir celle-ci repousser au bout d'un certain temps. Des scientifiques étudient ce phénomène pour tacher de comprendre comment il se produit. Leur première découverte est déjà extraordinaire : il semblerait que toutes les espèces aient cette capacité (l'homme compris !) mais qu'elle est totalement « inhibée » avant même la naissance. Vous imaginez si on trouve un jour le bouton « on » ?

Il est à noter que les étoiles de mer sont aussi capables de régénérer un bras manquant. Un bras amputé peut même régénérer un individu tout entier !

chose est sûre, le jour où cette méduse devient plus nombreuse que ses prédateurs, ça risque de se transformer en invasion !

1

Le tardigrade

CHUCK NORRIS

Lui, c'est le patron des animaux. Pourtant, il est minuscule, il fait à peine 1 mm (son petit nom c'est « ourson d'eau »), mais sa résistance est exceptionnelle. Déjà, il peut vivre plus de dix ans sans nourriture ni eau. Il résiste à des températures extrêmes bien en dessous de 0 °C et bien au-dessus de 100 °C. Mais ce n'est pas tout, en 2007, des scientifiques en ont exposé au vide de l'espace et aux radiations solaires directes : certains ont survécu. Bref, il est quasiment impossible de le tuer, sauf en l'écrasant...

Les 7 plus gros employeurs du monde en 2015

7

State Grid Corporation of China

1,5 MILLION DE PERSONNES

Ce groupe chinois producteur principal d'électricité appartient à l'État chinois. Il est présent dans d'autres pays tels que les Philippines ou encore le Brésil.

6

China National Petroleum Corporation

1,6 MILLION DE PERSONNES

C'est le plus gros groupe pétrolier au monde, et il appartient encore à l'État chinois. L'entreprise était dans le top 4 des plus gros employeurs jusqu'à peu. Elle est présente dans une trentaine de pays et en 2010, la compagnie se classait au 6e rang mondial par son chiffre d'affaire.

5

UK National Health Service

1,7 MILLION DE PERSONNES

Subdivisé en 4 sections (pour l'Angleterre, le Pays de Galles, l'Écosse et l'Irlande du Nord), le système public de santé du Royaume-Uni emploie 1,7 millions de travailleurs médicaux pour une population d'environ 65 millions de personnes.

4

Mc Donald's

2 MILLIONS DE PERSONNES

Spontanément, vous aviez pensé que Mc Donald's occuperait la première place, non ? Moi oui ! Ses presque 2 millions d'employés sont répartis sur 36 000 restaurants dans 100 pays.

Walmart
Save money. Live better.

3

Walmart

2,1 MILLIONS DE PERSONNES

Quasi inconnue en France, cette chaîne de grande distribution est présente dans 11 pays (mais principalement aux États-Unis).

2

People's Liberation Army

2,3 MILLIONS DE PERSONNES

L'armée populaire de libération chinoise est le plus gros employeur du pays avec 2,3 millions de soldats et de personnel administratif répartis en cinq branches : armée, marine, force aérienne, force des fusées et, depuis peu, force de soutien stratégique (entre autres le renseignement).

1

US Department of Defense

3,2 MILLIONS DE PERSONNES

Le département de la défense américain emploie 1 % du nombre d'habitants de son pays, soit près de 3,2 millions de personnes (soldats comme civils) !

7 FAUX DOCUMENTS HISTORIQUES INCROYABLES

7

Le plan Tanaka

Ce plan est publié pour la première fois en 1929 dans une ville chinoise. Il explique la stratégie que les Japonais veulent utiliser pour conquérir le monde. Ainsi, on sait qu'ils veulent commencer par conquérir la Mandchourie (territoire à cheval sur la Russie et la Chine), puis la Chine, et enfin les États-Unis. À l'époque, dans les années 1930, le document est pris très au sérieux par les Américains, surtout que pendant la guerre, la stratégie expliquée est exactement celle utilisée par les Japonais. Du coup, le plan Tanaka a vraiment servi de document de propagande antijaponaise aux États-Unis pendant la guerre. Sauf que, juste après la guerre, la véracité de ce document est mise en cause et en 2007, un groupe de chercheurs chinois affirme que ce document est faux.

6

La carte de l'Angleterre romaine

À la fin du XVIIIe siècle, Charles Bertram, un anglais expatrié au Danemark, met la main sur un document incroyable : une carte datant du XVe siècle, prétendument dessinée par un moine anglais et qui représente l'Angleterre du temps de l'occupation romaine. On y trouve des noms de villes ou de routes jusque-là inconnus. Ce document fut utilisé pendant plus d'un siècle jusqu'à ce qu'un historien allemand au XIXe siècle fasse part de ses doutes et qu'on se rende compte que tout était faux et créé de toutes pièces par Charles Bertram lui-même.

5

Les carnets d'Hitler

Au début des années 1980, un magazine allemand achète à très gros prix des extraits de carnets ayant soi-disant appartenu à Hitler lui-même. Le journaliste détenteur des carnets prétend les avoir trouvés chez un homme qui les avait lui-même récupérés dans l'épave d'un avion. L'affaire fait grand bruit à l'époque. Des spécialistes s'opposent sur la véracité des documents jusqu'à ce qu'une analyse poussée des extraits finisse par démontrer que tout est faux. L'homme chez qui le journaliste avait trouvé ces carnets était en fait Konrad Kujau, un célèbre faussaire allemand.

4

La donation de Constantin

Ce document est certainement l'un des faux les plus célèbres de l'histoire. Il affirme que Constantin Ier, empereur romain au Ier siècle, était si reconnaissant d'avoir été guéri de la lèpre qu'il se serait converti et fait baptiser. Il aurait surtout offert toute la partie ouest de l'Empire Romain au Pape. L'église se servit de ce document pendant des siècles pour justifier ses conquêtes et ses prétentions politiques. Le seul problème, plutôt important, c'est que ce document est totalement faux. On estime d'ailleurs qu'il a été créé presque 500 ans après la mort de Constantin. C'est seulement à partir du XVe siècle que son authenticité commence à être remise en question.

3

Les Protocoles des Sages de Sion

Ce document est sans doute le faux qui aura généré le plus de haine. En 1901, un informateur de la police secrète de l'Empire russe crée un rapport fictif de réunions censées avoir eu lieu entre les membres d'une organisation juive voulant dominer le monde. Ces documents sont transmis au Tsar, que l'on voulait convaincre de la nocivité des Juifs. Partout dans le monde, ce document est considéré comme vrai à l'époque. Henry Ford en distribuera même 500 000 copies aux États-Unis ! Même si, dès 1921, ce document fut considéré comme faux, Hitler s'appuiera sur ces textes pour justifier la théorie du complot juif.

2

Le scandale du Nigergate

Au tout début des années 2000, les services secrets italiens fournissent aux États-Unis un dossier contenant des preuves de la volonté de Saddam Hussein de récupérer de l'uranium au Niger pour fabriquer des armes de destruction massive. C'est surtout en s'appuyant sur ces documents que la coalition menée par les États-Unis a justifié l'intervention en Irak. Le souci, c'est que l'exactitude de ces documents a été remise en question bien avant le début de la guerre. En 2002, la CIA elle-même disait que le rapport était inexact.

1

L'opération Mincemeat

L'opération Mincemeat est le nom d'un plan brillant conçu par les Britanniques pendant la Seconde Guerre mondiale. En 1943, les Anglais veulent envahir la Sicile, parce que c'est un point très stratégique. Sauf que la Sicile, c'est plein d'Allemands. L'opération Mincemeat avait donc un objectif simple : faire croire aux Allemands que des débarquements allaient avoir lieu en Sardaigne, en Corse et en Grèce ; comme ça, avec un peu de chance, les Allemands videraient leurs garnisons siciliennes pour aller renforcer les autres bases. Le plan était enfantin : les Anglais ont récupéré le cadavre d'un homme mort noyé, l'ont habillé d'un uniforme anglais, lui ont mis plein de faux documents secrets dans les poches et l'ont lâché en pleine mer, non loin des côtes. Et voilà comment un faux major William Martin a échoué le 30 avril 1943 sur une plage espagnole. Les Espagnols ont prévenu les Allemands qui sont tombés dans le panneau !

7 des pires poisons et venins au monde

7

L'ARSENIC

L'arsenic est probablement le poison le plus connu du grand public. On le trouve à l'état naturel. Il peut être très présent dans certaines eaux souterraines et certaines populations sont touchées chaque année par des cas d'empoisonnement à l'arsenic en buvant de l'eau contaminée. Dans l'histoire, l'arsenic est LE poison qui a permis de tuer discrètement beaucoup d'adversaires. Les symptômes d'un empoisonnement à l'arsenic peuvent être de violentes crampes à l'estomac, des nausées, des convulsions et... la mort !

6

LA RICINE

La ricine est une protéine très toxique présente dans les graines de ricin. Ce poison est très dangereux. Une fois dans le corps, la molécule de ricine

s'attaque à l'ARN et bloque tout simplement la synthèse de protéines dans les cellules. Vous imaginez bien que c'est pas super pratique pour le corps ! La ricine est 12 000 fois plus toxique que le venin de crotale et moins d'un milligramme par kilo est nécessaire pour tuer un homme. Dans les années 1970, les services secrets bulgares ont été accusés d'avoir commandité des assassinats en empoisonnant leurs victimes avec de la ricine, *via* un parapluie spécialement aménagé en « arme ».

5

LA BATRACHOTOXINE

La batrachotoxine est produite principalement par quelques espèces de grenouilles vivant en Amérique du Sud. Ces fameuses grenouilles, qui arborent souvent des couleurs vives, sont connues depuis très longtemps par les peuples autochtones qui les côtoient. Ils ont pour habitude de prélever sur ces grenouilles le fameux poison et d'en induire le bout de leur flèches pour tuer plus facilement leur gibier (ou, à l'époque, pour se défendre d'autres tribus !). En gros, la batrachotoxine s'attaque aux nerfs, elle te paralyse et arrête doucement tous tes organes. Sachant qu'une grenouille a assez de poison pour tuer une vingtaine de personnes et qu'il n'existe à l'heure actuelle aucun antidote, je vous déconseille d'en attraper une à mains nues !

4

LA TÉTRODOTOXINE

Cette toxine se retrouve chez beaucoup d'animaux marins et notamment dans le foie du fugu, un poisson consommé par les Japonais qui en sont friands. D'ailleurs, au Japon, seuls certains chefs ayant suivi une formation spécialisée ont l'autorisation de préparer ce poisson afin d'être sûr de bien enlever les zones à risque. Et encore, malgré cela, chaque année, on recense certains cas de décès après consommation du poisson. Les symptômes sont simples : les lèvres, la langue et la bouche en général s'engourdissent. Rapidement, c'est tout le corps qui est atteint de convulsions et la mort peut advenir seulement quelques heures après le repas. Jouer avec le feu, ça peut être dangereux !

3

LE GAZ VX

Vous connaissez peut-être le sarin, ce gaz très toxique utilisé parfois comme arme chimique. Et bien le gaz VX, c'est dans

le même genre, mais dix fois plus mortel. C'est en 1952 que ce gaz est créé et, contrairement à d'autres, il est dangereux non seulement si on l'inhale mais aussi si l'on entre en contact cutané avec. Le gaz VX entraîne une surproduction de liquide : on pleure, on salive, on transpire beaucoup... et finalement, il attaque nos nerfs et nos muscles. La mort peut être très rapide, une question de minutes !

2

LES AMATOXINES

Ces composés toxiques se retrouvent dans plusieurs espèces de champignons, comme par exemple les calices de la mort (*Amanita phalloïdes*). À peine 7 milligrammes de ce champignon (la moitié du chapeau) peut tuer un homme en détruisant les cellules du foie et des reins. La mort peut advenir une semaine après sa consommation. Ces toxines pouvant être inhalées et absorbées par la peau, il est même recommandé de ne pas toucher ces champignons. Si un jour vous vous baladez en forêt et que vous avez un doute sur la toxicité d'un champignon, le plus simple c'est encore de ne pas y toucher !

1

LA TOXINE BOTULIQUE

Le poison naturel le plus puissant du monde, tout simplement. Il s'agit d'une toxine produite par une bactérie (*Clostridium botulinum*) généralement rencontrée dans les conserves. Dans le corps, elle bloque les terminaisons nerveuses des muscles, ce qui entraîne rapidement une paralysie. Il suffirait d'un millionième de gramme pour tuer un homme. Donc oui, avec 500 grammes de ce truc, on pourrait tuer l'humanité entière... Et pourtant, à très très faible dose, la toxine botulique est utilisée en chirurgie esthétique pour atténuer les rides par exemple.

7 des sports les plus dingues

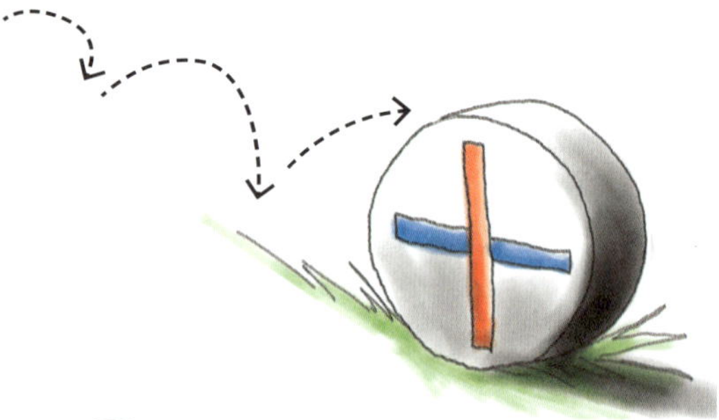

7

LE CHEESE ROLLING

IMPOSSIBLE DE NE PAS TOMBER

Bon ok, je ne pense pas que ce sport se retrouve un jour dans la liste des sports officiels olympiques, mais c'est beaucoup plus physique que ce qu'on pense. La principale compétition a lieu une fois par an à Brockworth, un petit village anglais. Le principe est simple : une colline, un fromage qui la dévale à presque 100 km/h et des dizaines de personnes qui tentent de l'attraper. Ce sport est dangereux et chaque année, on compte beaucoup de blessures allant de chevilles foulées à de véritables fractures.

6

LE BOSSABALL

TRÈS ACROBATIQUE !

Ce sport est un mix de plein d'autres sports : volleyball, gymnastique, trampoline ou encore football. Un match de bossaball ressemble de loin à un match de volleyball : on a deux équipes, un ballon, un filet et le but est de faire tomber la balle du côté adverse. Là où ça se corse, c'est qu'il y a un trampoline de chaque côté du terrain : les joueurs peuvent sauter sur le trampoline pour aller plus haut et faire de beaux enchaînements ; ça en deviendrait même artistique !

5

LE PORTER DE FEMME

PAS DU TOUT SEXISTE !

On part en Finlande où ce sport loufoque est pratiqué. Le principe ? Un homme doit porter une femme d'un point A à un point B sans la faire tomber. Il suffit de compliquer le tout en mettant du sable ou des zones d'eau et on obtient quelque chose de très physique ! En général, le premier prix représente le poids de la femme en bière !

4

LE BOUZKACHI

L'ANCÊTRE DU POLO ?

Ce sport est sans doute le plus vieux de ce classement. Il se pratique dans plusieurs pays du Moyen-Orient et est même le sport national d'Afghanistan. Plusieurs dizaines de cavaliers s'affrontent sur des terrains gigantesques. Le principe est simple : amener une chose particulière dans un endroit précis du terrain. Et cette chose en question, c'est le cadavre d'un animal, souvent une chèvre ou un veau, décapité. Sachant que pratiquement tous les coups sont permis, je peux vous assurer que ce sport est très impressionnant à voir !

3

LES MUD OLYMPICS

IL N'Y A PAS D'ÉPREUVES DE NATATION…

Littéralement « les olympiades de la boue », cette compétition se tient depuis 2004 en Allemagne et, comme son nom l'indique, on fait du sport dans de la boue ! Il y a plusieurs disciplines (football, handball, volleyball…) et toutes se déroulent sur la rive boueuse du fleuve Elbe. Plus qu'une compétition sportive, ces olympiades sont surtout un bon moyen de s'amuser dans de la boue et surtout de lever des fonds reversés chaque année à plusieurs associations humanitaires. Joli geste !

2

LE CHESSBOXING

LES DEUX EXTRÊMES

Vous êtes plutôt échecs ou boxe ? Si vous hésitez, alors ce sport est fait pour vous. Un round d'échecs de 4 minutes suivi d'un round de boxe anglaise de 3 minutes, puis encore un round d'échecs, etc.

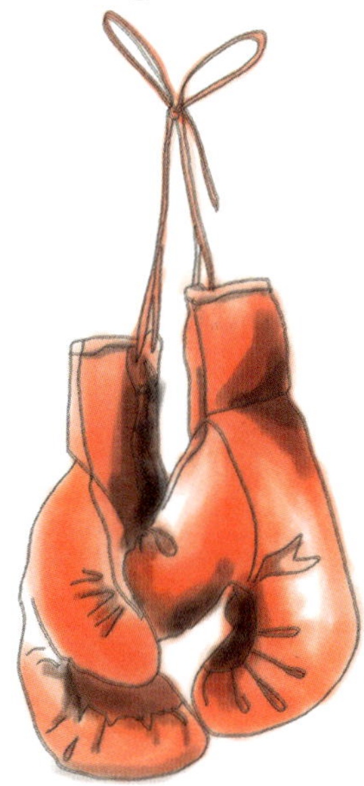

Il existe deux façons de gagner le match : gagner à la boxe, soit par KO soit au nombre de points à la fin du match, ou alors gagner aux échecs en faisant échec et mat. J'imagine que le dernier round d'échecs doit être très difficile mentalement !

1

LE QUIDDITCH MOLDU

POUR LES FANS DE HARRY POTTER

Oui oui, vous ne rêvez pas, certaines personnes ont trouvé le moyen de vraiment jouer au quidditch ! Il y a les buts, les différents types de balles et même les balais ! Bon par contre, bien évidemment, personne ne vole : on se fait des passes en courant sur le terrain. Les joueurs doivent en permanence avoir leur balai entre les jambes et, croyez-moi, c'est pas facile pour courir ! Un joueur qui ne fait lui partie d'aucune équipe court tout autour du terrain avec le vif d'or accroché à son pantalon ; si quelqu'un attrape ce vif d'or, le match se termine ! Ça frôle quand même pas mal le ridicule !

7 DES PLUS GROSSES MACHINES DU MONDE

7
L'Antonov An-225

84 M DE LONG – 285 TONNES

Vous pensez que l'Airbus A380 est le plus gros avion du monde ? Et bien pas vraiment en fait. L'A380 est certes le plus gros avion « civil » de transport de passagers, mais il est seulement le troisième plus gros avion de l'Histoire. C'est l'Antonov An-225, un avion existant en un seul exemplaire et fabriqué en Ukraine en 1988, qui occupe la première place. Son but était de transporter la navette spatiale russe Bourane. En 1989, l'avion vole avec la navette en démonstration au Bourget, en France. Depuis la chute de l'URSS et donc de son programme spatial, il sert d'avion cargo.

6
La grue Taisun

133 M DE HAUT – TRAVÉE DE 120 M

Taisun est tout simplement la plus grosse grue du monde. Elle se trouve à Yantai, une ville portuaire chinoise. Cette grue géante est utilisée dans la construction navale. Elle permet de soulever des pièces énormes de bateaux pour gagner du temps. C'est simple, Taisun peut soulever jusqu'à 20 000 tonnes. 20 000 Kangoos d'un coup. Avant ce genre de grues géantes, les bateaux étaient en gros fabriqués en « modules » d'1 à 2 tonnes qu'on construisait à terre et qu'on hissait sur la carcasse du futur bateau. Maintenant, grâce à Taisun, on va 10 fois plus vite !

<---

5

La foreuse Bertha

100 M DE LONG – 17,5 M DE DIAMÈTRE – 7 000 TONNES

Bertha, c'est le nom donné à la plus grande foreuse du monde. Une foreuse, ça sert à gagner beaucoup, beaucoup de temps. C'est une énorme machine circulaire dont le but est de creuser des tunnels. Bertha mesure 100 mètres de long, 17,5 mètres de diamètre et pèse près de 7 000 tonnes. Elle a été construite au Japon pour forer un tunnel routier à Seattle, aux États-Unis. Les travaux étaient censés durer un an et se terminer à l'été 2014. Sauf que quelques semaines seulement après le début du chantier, Bertha a heurté un tuyau en métal qu'elle n'a pas été capable de percer. Ce problème a entraîné une pause du chantier de plus de deux ans ! Du coup, trois ans après le début des travaux, Bertha n'est même pas à la moitié du tunnel...

4

Le télescope IceCube

86 LIGNES DE DÉTECTEURS ENFOUIS ENTRE 1 500 ET 2 500 M DE PROFONDEUR

Cet énorme complexe est un « télescope à neutrinos » . Je vous explique. Les neutrinos, on ne sait pas grand-chose sur eux à part que ce sont des particules très, très, très petites. Ils ont la particularité de ne presque

pas interagir avec la matière. Ils peuvent traverser des atomes sans soucis et des milliards traversent chaque seconde notre corps (et tout ce qui nous entoure d'ailleurs). Le but d'IceCube, c'est d'étudier ces particules. Et pour ça, cette machine a été construite au pôle Sud. Plusieurs capteurs sont enfouis dans le sol à des profondeurs de dingue (entre 1500 et 2500 mètres !), histoire d'être vraiment dans le noir absolu. Pourquoi le noir ? Parce que lorsqu'un neutrino percute le noyau d'un atome, un flash se produit. Ça n'arrive pratiquement jamais vu la taille des deux machins qui doivent se percuter mais quand ça arrive, c'est CE flash que cette machine étudie.

3

Le Prelude FLNG

488 M DE LONG – 600 000 TONNES

Le Prelude FLNG flotte sur l'eau mais ce n'est pas vraiment un bateau. Disons que c'est un hybride entre un énorme bateau et une énorme plate-forme d'extraction. Une plate-forme mouvante, quoi ! Il s'installe sur un gisement, le vide et peut aller s'occuper d'un autre. Cet énorme complexe flottant qui navigue sous pavillon australien mesure presque 500 mètres de long et pèse plus de 600 000 tonnes quand ses cales sont pleines. Bon, le souci avec ce genre de mastodonte, c'est qu'il ne peut pas passer partout ! Exit le canal de Panama par exemple.

2

La pelleteuse Bagger 293

225 M DE LONG – 96 M DE HAUT – 15 000 TONNES

Vous avez déjà vu une pelleteuse. Au bout de son bras articulé se trouve ce qu'on appelle un godet. La Bagger 293 est une méga pelleteuse de la mort. Elle n'a pas un godet, mais 20, fixés sur une roue. Avec ça, elle peut creuser en continue en déversant le contenu de chaque godet directement sur un énorme tapis roulant. Le monstre fait 225 mètres de long et pèse presque 15 000 tonnes (oui, ça représente 15 000 Kangoos).

1

Le grand collisionneur de hadrons

27 KILOMÈTRES DE CIRCONFÉRENCE

Qu'est-ce que c'est que ce truc ? C'est le petit nom de l'accélérateur de particules géant du CERN, en Suisse. C'est juste la plus grosse machine jamais construite par l'homme. Elle se trouve dans un tunnel circulaire de presque 27 kilomètres de circonférence. Dans cet énorme complexe, le but est de balancer à pleine vitesse deux protons l'un contre l'autre et de voir ce qui se passe, tout simplement. Ça paraît nul comme ça, mais à terme, cette machine peut nous aider à comprendre ce qui s'est passé juste après le Big Bang, et ça, c'est quand même un truc de dingue !

7 expéditions historiques

7

La route de Marco Polo

Non, Marco Polo n'a pas introduit les pâtes en Europe, c'est une vieille légende urbaine. En revanche, il est bien l'un des plus grands explorateurs de son temps. Il fait partie d'une longue génération de marchands vénitiens. Lors de son premier voyage sur la route de la soie, il arrive à la cour mongole de Kubilai Khan où il passe près de 25 ans. Il devient une personne très importante à la cour. On lui confie des missions d'ambassadeur qui lui permettent de voyager un peu partout en Asie. Du coup, quand il rentre en Europe, il écrit un bouquin qui s'appelle *Le Livre des merveilles* dans lequel il raconte toutes ses aventures. Il aidera beaucoup à cartographier l'Asie et inspirera de nombreux explorateurs qui parcourront le monde.

6

Le voyage de Christophe Colomb

Je ne pouvais pas faire cette liste sans parler de Christophe Colomb. Pourtant, c'était pas un mec bien, il torturait les populations autochtones et n'hésitait pas à les réduire en esclavage. En plus, il était persuadé d'être arrivé en Inde. Il n'a jamais eu en tête qu'il avait mis le pied sur un nouveau continent. Ça, on le doit à un autre navigateur : Amerigo Vespucci, qui d'ailleurs donnera son nom au continent américain. Et puis je vous rappelle que la légende selon laquelle Christophe Colomb fut le premier européen à mettre le pied en Amérique est complètement fausse. On sait maintenant que des Européens du nord avaient déjà établi des campements sur la côte du Canada presque 500 ans avant l'arrivée de Colomb !

5

Le tour du monde de Magellan

27 ans après Christophe Colomb, Fernand de Magellan, un navigateur portugais embarque pour une expédition inédite. Depuis que l'Amérique est découverte, tout le monde rêve de faire le tour du monde en bateau. En 1519, il embarque donc depuis l'Espagne avec 5 bateaux et 237 hommes d'équipage. Ils passeront par le sud de l'Amérique où l'un des bateaux s'échoue et un autre se rebelle et retourne en Europe. Magellan ne perd pas la foi et continue sa route vers l'ouest. Ils traversent le Pacifique et font une halte sur une île aux Philippines. Là, le roi de cet îlot, un certain Lapu Lapu, refuse de se soumettre. Une bataille éclate et Magellan meurt. L'équipage parvient à s'enfuir. Après quelques escales de plus et pas mal de péripéties, un seul navire et 18 hommes arriveront finalement en Espagne le 6 septembre 1522, après trois années passées en mer !

4

Les découvertes de James Cook

James a fait trois grands voyages entre 1768 et 1779. Lors du premier, il passe par le détroit de Magellan (au sud de l'Amérique) et se dirige vers la Nouvelle-Zélande. Il y reste quelques mois à cartographier ses côtes puis remonte vers l'Australie, la Papouasie

Nouvelle Guinée et rentre finalement en Europe. Son deuxième voyage est consacré à l'étude de l'Antarctique dont il fait le tour. Enfin, pour le troisième, il veut explorer le nord du Pacifique. Il arrive en Nouvelle-Zélande puis finit par poser le pied à Hawaï où il est le premier Européen à accoster. Il y reste un moment puis repart vers le nord avec l'espoir de rentrer en Europe en passant par le nord du Canada, sauf que tout est gelé ! Cook retourne donc à Hawaï et y reste quelques semaines. Hélas, des tensions éclatent. Les locaux et les Anglais se frittent, Cook se prend un coup à la tête et meurt. L'expédition finira par regagner l'Angleterre. Bref, Cook est une légende dans le monde anglo-saxon car c'est en grande partie grâce à lui que l'Australie et la Nouvelle-Zélande furent rapidement colonisés par les Anglais. Enfin grâce à lui… je ne sais pas si « grâce » est le mot approprié !

3

Les extraordinaires observations de Charles Darwin

On est entre 1831 et 1836 et on va s'intéresser à l'HMS Beagle. Ce bateau britannique est chargé de cartographier l'Amérique du Sud. Darwin embarque comme naturaliste pour un voyage qui devait à la base ne durer que deux ans et qui, en gros, consistait à longer les côtes de l'Amérique du Sud, puis à traverser l'Océan Pacifique vers l'Australie avant de rentrer en Angleterre. Le voyage durera finalement cinq ans et Darwin collectera des milliers de spécimens d'animaux, de plantes, de minéraux ou encore de fossiles. Il publiera à son retour un livre qui raconte ses aventures mais il passera surtout des dizaines d'années à développer sa théorie de l'évolution largement basée sur tout ce qu'il a pu observer pendant cette expédition. D'ailleurs je vous conseille vivement ses deux livres : *L'Origine des espèces* et surtout *Voyage d'un naturaliste autour du monde*.

2

En route pour le pôle Sud avec Roald Amundsen

Fin XIXe, début XXe, il ne reste plus grand chose à explorer sur Terre. Le pôle Sud est l'une d'entre elles. À partir de 1895 environ et pendant près de 20 ans, jusqu'à la Première Guerre mondiale en gros, le monde va connaître une véritable course au pôle Sud. Des Belges, des Britanniques, des Allemands, des Suédois, des Français, des Norvégiens, des Australiens et même des Japonais se lancent à l'assaut de l'Antarctique. Et si le premier à atteindre le pôle Sud est le Norvégien Roald Amundsen en 1911, les autres expéditions permettent d'explorer une immense partie du continent. Amundsen établit son camp de base dans la baie des baleines, sur la côte de l'Antarctique en janvier 1911. Au lieu de se lancer directement, comme d'autres, à l'assaut du pôle Sud,

Amundsen a l'idée de créer sur la route des dépôts de ravitaillement. Ainsi, pendant plusieurs mois, il construit trois dépôts entre la base et le pôle Sud, histoire d'avoir de la nourriture déjà stockée à plusieurs endroits du parcours. Grâce à cette technique, Amundsen et quatre de ses hommes parvinrent au pôle Sud le 14 décembre 1911.

1

Les premiers pas de Neil Armstrong sur la Lune

Pour bien comprendre l'impact de la course à la Lune, il faut se remettre dans le contexte de l'époque (les années 1960) : guerre froide, URSS contre États-Unis, ça se nargue... Bref, vous connaissez. En 1961, le président Kennedy promet que les Américains mettront le pied sur la lune avant 1970. En 1969, la mission Apollo 11 est lancée. À l'intérieur, trois hommes : Neil Armstrong et Buzz Aldrin, qui poseront le pied sur la Lune, et Michael Collins, qui restera en orbite autour de la Lune (le job nul vu que personne ne retient ton nom dans l'histoire !). Après presque 3 jours de voyage depuis la Terre, les 3 hommes se placent en orbite lunaire. Armstrong et Aldrin montent alors dans le module lunaire qui se détache du vaisseau pour se poser sur la Lune. Armstrong est le premier à y poser le pied et y déclare la célèbre phrase : « C'est un petit pas pour l'homme, mais un pas de géant pour l'humanité ».

Les deux hommes restent sur la Lune pendant 2 h 30 avant de remonter s'arrimer au vaisseau orbitant autour de la Lune et de rentrer sur Terre, accueillis comme des héros !

7 LIEUX SOUTERRAINS INSOLITES

7

La ville de Derinkuyu

QUE L'ON TRADUIT FORT À PROPOS PAR « PUITS PROFOND » EN TURC...

Dans la province de Nevsehir, en Turquie, il existe de nombreuses villes souterraines. Celle de Derinkuyu est la plus impressionnante. Probablement construite vers 800 avant notre ère par les Phrygiens, elle pouvait accueillir jusqu'à 20 000 personnes. Cette ville s'enfonce très profondément (près de 85 mètres), et on ne décompte pas moins d'une dizaine d'étages. On y trouvait tout le nécessaire pour vivre : stockage de nourriture, étables et bergeries et même une rivière souterraine !

6

Le village de Matmata

VIVRE DANS LA MONTAGNE

Ce village troglodyte à flanc de montagne se trouve près de la ville tunisienne de Gabès. Les habitations creusées à même la roche sont typiques de la région. Pendant la Seconde Guerre mondiale, beaucoup d'habitants des environs s'y réfugièrent pour se protéger des bombardements. Quelques scènes de *Star Wars* ont été tournées dans le village et notamment celles montrant la maison de l'oncle Owen, sur la planète Tatooine.

5

Les voûtes d'Édimbourg

LES COUSINES DES CATACOMBES PARISIENNES

Conçues au XVIIIe siècle lors de la construction des ponts de la ville afin d'y stocker des marchandises, les voûtes d'Édimbourg hébergèrent également des pubs, une distillerie, des cordonniers, etc. Plus tard, des familles démunies vinrent y vivre malgré le froid, l'humidité et l'air souillé ; on ne connaît pas grand-chose sur leur passé car l'endroit était censé être clos. De nos

jours, c'est un haut lieu du tourisme paranormal avec des excursions en mode « sensations fortes et rencontres fantomatiques » !

4

La rivière de Puerto Princesa

CLAUSTROS S'ABSTENIR !

La rivière souterraine de Puerto Princesa se trouve sur l'île de Palawan, aux Philippines. Classée au patrimoine mondial de l'Unesco, la rivière se situe au cœur d'un parc national, s'étend sur environ 8 km et coule dans une caverne avant de se jeter dans la mer de Chine méridionale. Des stalactites et des stalagmites sont visibles un peu partout. La navigation sur la rivière se pratique en fonction des horaires de marée. L'endroit est très prisé des touristes.

3

Le bunker de Londres

LA PLANQUE BRITISH

Durant la Seconde Guerre mondiale, l'état-major anglais avait pour quartier général un bunker au cœur de Londres :

le Cabinet War Room. Winston Churchill lui-même y travaillait. Les lieux furent en activité pendant six ans (de 1939 à 1945). C'est maintenant un musée où l'on peut découvrir des documents authentiques : objets divers, cartes et livres qui n'ont pas bougé depuis 70 ans.

2

Le labyrinthe d'Égypte
ON JOUE À INDIANA JONES?

Encore mieux qu'une cité souterraine : un labyrinthe gigantesque, s'étalant sur deux niveaux et comprenant au moins 3 000 pièces, temples et tombes reliés entre eux par une multitudes de galeries décorées de hiéroglyphes. Cet ouvrage millénaire semble être situé à côté de la pyramide d'Hawara, en Égypte. Je dis « semble » parce que le sujet est sensible. Une équipe d'universitaires belges l'aurait localisé en 2008 mais le gouvernement égyptien interdit toute fouille de l'endroit. Bref, un lieu mythique, visiblement inexploré depuis des milliers d'années...

1

La chambre forte du Svalbard
LA CAVE D'EDEN!

À environ 1 000 km du pôle Nord, sur l'île norvégienne de Spitsbergen, se trouve une chambre forte gigantesque. On y conserve à une température constante de -18 °C des graines du monde entier. En cas d'intempérie, de désastre écologique ou autre, le patrimoine botanique ne sera pas perdu à jamais. Des graines sont envoyées du monde entier pour alimenter cette réserve. Inaugurée en 2008, elle a été creusée à 120 mètres de profondeur et est financée par de nombreux pays et organismes privés.

7 traitements médicaux écœurants

7

LES SAIGNÉES

Cette technique est très ancienne. On faisait déjà des saignées en Grèce et dans la Rome antique. C'est revenu à la mode entre le XVIe et le XVIIe siècles, sauf que c'était un peu le Doliprane de l'époque ; on te faisait une saignée pour des problèmes respiratoires, cardiaques, intestinaux, mentaux et même pour de simples migraines... De nos jours, les saignées existent encore ! Bien évidemment, on n'ouvre plus le corps avec un couteau, c'est sous forme de prises de sang et ça permet de soigner notamment des maladies comme l'hémochromatose (c'est quand on a trop de fer dans l'organisme).

6

LA LIPOSUCCION

Cette opération de chirurgie esthétique permet d'aspirer la graisse en trop. La première opération de l'histoire qui s'en rapproche date des années 1920. C'est un chirurgien français qui tente la chose sur une danseuse. Malheureusement pour elle, il se loupe à tel point que la pauvre se fait amputer ! Ça a bien refroidi le milieu médical qui ne tentera plus d'opérations de « dégraissage » pendant plusieurs décennies. Aujourd'hui, c'est l'opération de chirurgie esthétique la plus pratiquée dans le monde. On peut se faire liposucer le ventre ou les cuisses, mais saviez-vous qu'on peut aussi se faire liposucer d'autres parties du corps plus insolites comme les joues ?

5

LES SANGSUES

Comme les saignées, les sangsues sont utilisées depuis l'Antiquité pour soigner plein de maladies différentes, de l'appendicite à la laryngite. On appelle cette pratique l'hirudothérapie. Au cours des siècles, on s'est rendu compte que les sangsues étaient plus efficaces que les saignées. Mais à partir du XIXe siècle, les sangsues sont de moins en moins

utilisées. Les médecins de l'époque considéraient comme peu hygiénique le recours à ces bestioles, les soupçonnant d'être la cause de beaucoup d'infections. Depuis quelques temps, pourtant, les sangsues sont à nouveau en odeur de sainteté ! Elles sont apparemment très utiles pour tout ce qui est reprise de la circulation du sang et cicatrisation.

4

LE JUS DE GRENOUILLE

Cette étrangeté vient du Pérou et est appelé là-bas « Jugo de Rana ». Ce traitement de médecine traditionnelle est très populaire. Selon les gens qui en boivent, ça soignerait à peu près n'importe quoi : arthrite, anémie, bronchite... En plus de la grenouille mixée, on ajoute dans cette boisson du miel, de la maca (c'est une racine qui pousse dans les Andes) ou encore du cartilage de requin. Appétissant ! Dites-vous que certaines personnes en boivent tous les jours...

3

LA DENT DANS L'ŒIL

Cette opération chirurgicale est assez démente. Elle a été inventée en Italie dans les années 1960 et est réservée à certaines personnes aveugles, mais pas toutes. En gros, il existe des gens qui ne peuvent pas voir mais seulement parce qu'une partie de leur œil est endommagée. Chez les personnes dont la rétine et le nerf optique fonctionnent, il est possible de pratiquer cette opération. Et c'est là que ça devient bizarre. On leur prélève d'abord une dent. Dans cette dent, on fait un trou et on insère une petite lentille.

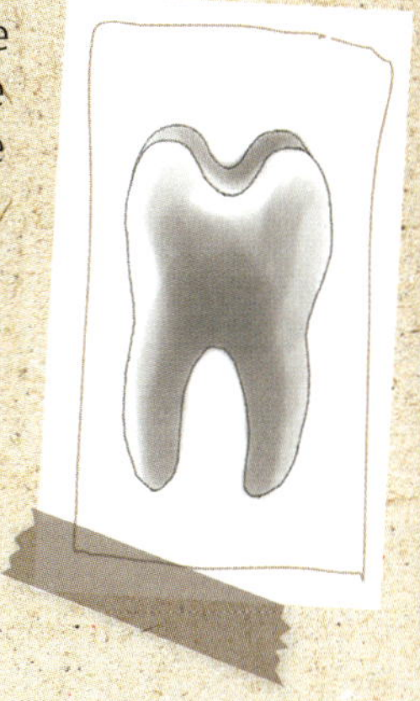

Cette dent est ensuite greffée dans l'œil. Elle devient en quelque sorte la nouvelle cornée et la lumière atteint la rétine grâce à la lentille. Alors ok, c'est gore et bizarre, mais si ça permet à des aveugles de voir un peu, c'est dingue !

2

L'ASTICOTHÉRAPIE

Parfois, sur certaines plaies bien nécrosées, déposer quelques asticots est très efficace ! Mais attention, pas n'importe quel asticot. Médicalement, les larves utilisées viennent de la mouche *Lucilia sericata*. Ce sont des larves qui ne mangent que la chair nécrosée et qui ne touchent pas aux tissus sains. Et en plus, elles ne ralentissent pas le procédé de cicatrisation. Ce traitement existe depuis l'Antiquité. Plus récemment, pendant la guerre du Viêtnam, il était très utilisé. En général, on ajoute du miel sur la plaie pour favoriser la cicatrisation.

1

LA BACTÉRIOTHÉRAPHIE FÉCALE

Vous l'aurez compris, on va parler excrément ! Quelques dizaines de personnes en France ont recours à ce traitement tous les ans. Ces personnes souffrent en général de nausées et de diarrhées sanguinolentes ultra puissantes en mode choléra. Ces symptômes sont dus à une bactérie bien badante qui s'appelle *Clostridium*. À partir du moment où elle provoque une infection dans le tube digestif, ça n'arrête pas. Même à coup d'antibiotiques, on ne guérit pas. Et c'est là que ce traitement entre en jeu. Généralement, les personnes infectées ont une flore bactérienne très affaiblie. Du coup, c'est simple : on injecte par le rectum une petite quantité de matières fécales d'un donneur sain, ce qui va permettre à la flore intestinale du malade de se reconstruire. En seulement quelques heures, les malades vont mieux.

7 des plus grosses structures construites par l'homme

7

LE CENTRE DE CONFÉRENCE DE DEZHOU

LE PLUS GRAND BÂTIMENT ÉCOLOGIQUE

Dans la ville de Dezhou, au nord-est de la Chine, se trouve un bâtiment presque entièrement autosuffisant : le centre de conférence de Dezhou. On y trouve des salles d'exposition, des bureaux, des laboratoires scientifiques et même un hôtel sur une surface de 75 000 mètres carrés. Cette structure tire la majeure partie de son énergie du nombre gigantesque de panneaux solaires qui couvrent son toit.

6

LE LOUVRE

LE PLUS GRAND MUSÉE

Le plus grand musée du monde est français ! Il s'agit du Louvre, qui a une surface d'environ 60 000 mètres carrés. Depuis la construction du Palais royal en 1190 par Philippe Auguste, le Louvre a évolué de château-fort à palais où ont vécu les grands de France, de Charles V à Louis XIII en passant par François Ier et Henri IV. C'est Louis XV qui envisagea le premier de transformer le bâtiment en musée, ce qui ne fut effectivement fait qu'après la Révolution.

5

LE PALAIS DU PARLEMENT À BUCAREST

LE PLUS GRAND BÂTIMENT POLITIQUE

Le palais du Parlement roumain est gigantesque. 270 mètres de long, 240 mètres de large, 86 mètres de haut, 12 étages... Ce bâtiment abritant à la fois le sénat et la Chambre des députés s'étend sur 350 000 mètres carrés et est l'un des plus grands bâtiments d'Europe.

4

LE BURJ KHALIFA À DUBAÏ

LE PLUS HAUT GRATTE-CIEL

828 mètres : c'est la hauteur du plus haut gratte-ciel actuel, le Burj Khalifa érigé à Dubaï en 2009. Ce bâtiment a coûté la modique somme d'1,5 milliard de dollars et sera sûrement dépassé d'ici quelques années par la Jeddah Tower, une tour censée s'élever à 1 kilomètre de haut !

3

LA GRANDE MURAILLE DE CHINE

LE PLUS LONG MUR

La construction de la grande muraille de Chine aurait commencé juste avant la dynastie Qin, soit vers 200 avant notre ère, afin de protéger toute la partie nord du « pays ». Il s'agit à l'heure actuelle de la plus grande construction humaine au monde et il est difficile de connaître avec certitude sa longueur (des morceaux de murs sont enterrés ou ont disparu), mais on l'estime à 6 700 kilomètres.

2

LE PONT HAIWAN À QINGDAO

LE PLUS LONG PONT MARITIME

Le pont Haiwan (aussi appelé « Pont de la baie de Jiaozhou ») est un pont chinois reliant la ville de Qingdao à sa banlieue. Il mesure 42,5 km de long et est censé résister aux tremblements de terre et aux typhons, très fréquents dans la région.

1

LE STADE DU PREMIER-MAI À PYONGYANG

LA PLUS GROSSE STRUCTURE SPORTIVE

On ne s'imagine pas partir en Corée du Nord dans ce classement, et pourtant le plus grand stade du monde se trouve bien là-bas, à Pyongyang. Le stade du Premier-Mai, en activité depuis 1989, peut accueillir 150 000 personnes ! En comparaison, le Stade de France ne peut accueillir « que » 80 000 personnes.

7 MANIFESTATIONS HISTORIQUES

7

La manifestation joyeuse

14 JUILLET 1936 - PARIS

C'est la liesse à Paris à l'occasion du traditionnel défilé du 14 juillet : on célèbre la victoire en mai 1936 du Front Populaire, qui suscite une vague d'espoir. Des mesures ont été prises dès juin : généralisation des conventions collectives, 40 heures de travail hebdomadaires, congés payés, etc. Des dizaines de milliers de Parisiens font la fête dans les rues et viennent saluer le président du Conseil, Léon Blum, et le nouveau gouvernement.

6

Peace and Love

17 AVRIL 1965 - WASHINGTON

Les manifestations (étudiantes au départ) contre la guerre du Viêtnam se multiplient à cette époque. Celle du 17 avril 1965 est restée célèbre grâce à une photo, celle d'un étudiant plaçant des fleurs dans les canons des fusils de la Garde nationale. Cinq ans plus tard, lors de la manifestation à la Kent University dans l'Ohio, la protestation ne sera hélas plus aussi pacifique, et quatre étudiants seront tués.

5

La marche du sel

MARS 1930 - INDE

Sous l'empire britannique, les Indiens ne peuvent pas récolter ni consommer le sel présent sur leurs côtes. Celui qu'ils peuvent utiliser est fortement taxé par les Anglais. Gandhi organise alors une marche pacifique, qui l'emmènera sur 386 kilomètres environ, et enflera sans discontinuer durant 23 jours. Il se rend jusqu'au village de Dandi, sur la côte de l'océan Indien pour ramasser du sel. Environ 60 000 personnes, dont Gandhi lui-même, furent incarcérées pour cet acte de résistance.

4

La fin de la ségrégation

28 AOÛT 1963 - WASHINGTON

Le jour de leur rencontre avec le président Kennedy, les leaders du mouvement des droits civiques, dont Martin Luther King, marchèrent du Washington Monument au Lincoln Memorial. Sur place, environ 200 000 personnes écoutèrent, entre autres discours, le fameux « I have a dream ». Un an plus tard, le *Civil Right Act*, reconnaissant enfin des droits égaux aux noirs américains, fut voté.

3

Le combat LGBT

JUIN 1969 - NEW YORK

Suite à une descente de police dans le bar Stonewall Inn où se retrouvaient librement gays et lesbiennes le 28 juin 1969, des protestations désormais connues sous le nom de *Stonewall riots* (« émeutes de Stonewall ») eurent lieu. Toute la nuit, jusqu'à 2 000 personnes firent face à la police, qui interpella nombreuses d'entre elles. Les échauffourées durèrent quelques jours. Ces événements sont considérés comme étant à l'origine du mouvement LGBT. Quelques années plus tard, des groupes visant à défendre leurs droits commencèrent à voir le jour dans le pays.

2

Le ras-le-bol iranien

DÉCEMBRE 1978 - IRAN

Début décembre 1978, la population iranienne réclame le départ du shah Mohammed Reza Pahlavi et le retour du Grand Ayatollah Rouhollah Khomeini, qui vit alors en exil (en Irak, puis en France). Le 11 décembre, on estime que 10 % de la population iranienne ont marché dans les rues, soit environ 9 millions de personnes ! À son retour, l'Ayatollah prend le titre de Guide de la Révolution Islamique. Bon, finalement, il a lui-même instauré une dictature bien hardcore qui n'avait rien à envier au régime du Shah en matière de torture et de répressions en tous genres.

1

Le droit de vote des femmes

1913 - WASHINGTON

L'avocate Inez Milholland Boissevain était une « suffragette » américaine (c'est-à-dire qu'elle réclamait le droit de vote pour les femmes). Elle fut membre de nombreuses associations pour le droit des femmes et des gens de couleur. Le 3 mars 1913, elle ouvrit la manifestation en faveur du suffrage féminin, à Washington, montée sur un cheval blanc, coiffée d'une couronne ; sa photo en tête du cortège a fait le tour du monde. La manifestation, composée de plusieurs milliers de personnes et de groupes de musique, rencontra des hommes hostiles qui tentèrent de bloquer la marche et de nombreuses femmes furent blessées. La police fut critiquée pour son manque d'intervention pour protéger les manifestantes.

7 des pires désastres écologiques de l'histoire

7

Love Canal

ÉTATS-UNIS

Dans les années 1940, Hooker Chemical enterre 20 000 tonnes de produits chimiques dans la zone de Love Canal, dans l'état de New York. Progressivement, les produits infiltrent le sous-sol et commencent à remonter à la surface des nappes phréatiques. En 1978, 950 personnes sont évacuées du site et la zone est désormais totalement interdite.

6

Minamata

JAPON

Dans les années 1950, on observe chez certains chats une attitude étrange dans la zone portuaire de Minamata, dans une île au sud du Japon. C'est très vite au tour des humains d'être affectés : difficultés à parler, perte de la motricité, convulsions... Une enquête montre que Chisso Corp, une usine pétrochimique, est à l'origine de cet empoisonnement. Les habitants ont été intoxiqués au fil des années par les rejets de mercure dans l'eau de la baie. Plus de 13000 malades auraient été empoisonnés.

Dernièrement, cette tragédie a donné son nom à un accord, signé à Genève, ayant pour but de protéger la santé humaine et l'environnement contre les rejets de mercure : la « Convention internationale de Minamata sur le mercure ».

5

La mer d'Aral

De la taille de l'Irlande, la mer d'Aral, entre l'Ouzbékistan et le Kazakhstan, était le 4e plus grand lac au monde. Je dis « était », car à partir des années 1960, l'Union soviétique commença des travaux d'irrigation qui entraînèrent l'assèchement progressif du lac. Ce dernier s'est depuis transformé en désert, sans végétation et couvert de bateaux rouillés. Sa disparition a surtout dramatiquement bouleversé l'écosystème de la région.

4

Les feux de puits de pétrole du Koweït

En 1991, alors que l'issue de la guerre du Koweït ne fait plus débat, Saddam

Hussein prend la décision de mettre le feu à environ 700 puits de pétrole, pour éviter que ces derniers ne tombent aux mains de l'ennemi. Il fallut 220 jours à des dizaines de compagnies de pompiers pour éteindre tous les puits, qui ont eu le temps de contaminer durablement l'atmosphère à coup de fumées toxiques.

3

Seveso

ITALIE

Encore une usine de pesticides. En 1976, en Italie, un produit chimique hautement cancérigène, le Tétrachlorodibenzo-p-dioxine (à vos souhaits), s'échappe dans l'atmosphère. Des milliers de personnes sont traitées pour empoisonnement et 80 000 animaux sont abattus par précaution. Seveso, qui est le nom d'une des communes touchées par l'accident, est désormais aussi le nom d'une directive européenne chargée d'identifier les sites industriels dangereux.

2

Bhopal

INDE

Dans la nuit du 2 au 3 décembre 1984, 45 tonnes d'isocyanate de méthyle – un poison servant à fabriquer des pesticides – s'échappent d'une usine à Bhopal, dans le centre de l'Inde, entraînant la mort immédiate de près de 4 000 personnes et des séquelles lourdes sur plus de 50 000 victimes (cécité, problèmes intestinaux, etc.). Certains observateurs avancent même

le chiffre de 20 000 décès dans les années suivantes. La compagnie américaine Union Carbide, propriétaire de l'usine en question, fut condamnée à payer au gouvernement indien la somme de 470 millions de dollars, mais son directeur au moment des faits, Warren Anderson, a fui et est mort en Floride en 2014 sans avoir jamais répondu de sa négligence criminelle devant la justice indienne.

1

Exxon Valdez

ÉTATS-UNIS

Si la catastrophe de l'*Erika*, en 1999, fut terrible, la marée noire due à l'échouement du navire américain *Exxon Valdez*, survenue en 1989, est sans doute l'une des plus grandes catastrophes pétrolières de tous les temps. Alors qu'il passe Bligh Reef, un récif au sud de l'Alaska, le navire s'échoue et sa coque se déchire. 750 000 barils de pétrole brut se déversent dans les eaux. La nappe s'étend à 800 km à la ronde. On estime entre 250 000 et 500 000 le nombre d'animaux directement victimes de cette catastrophe.

7 DES PLUS STUPIDES DARWIN AWARDS

Les Darwin Awards sont des récompenses complètement sarcastiques, décernées sur le net à des personnes mortes de façon très stupide, souvent par leur propre faute. À de rares occasions, un Darwin Award peut être décerné à une personne vivante si elle a évité de peu une mort stupide. Ces récompenses tirent bien entendu leur nom de Charles Darwin et de sa fameuse théorie de l'évolution selon laquelle les plus faibles ne survivent pas longtemps !

7

L'homme qui aimait les poissons

En 1998, Michael est avec un groupe de potes et aide l'un d'entre eux à nettoyer son aquarium. Le propriétaire des poissons montre alors à Michael un énorme poisson rouge qui était très agressif avec les autres et qui devenait trop gros pour l'aquarium. Sans réfléchir, Michael l'attrape et le gobe d'une traite. Sauf que le poisson s'est débattu, s'est coincé dans la gorge du jeune homme et ce dernier est mort étouffé.

6

L'apprenti espion

En 2004, Fabio, un jeune italien de 28 ans, routier, est passionné par l'espionnage et les petits gadgets. À tel point qu'il en collectionne des dizaines. Un jour, alors qu'il est dans un bar avec des amis, il sort de sa poche un simple stylo et explique que c'est en fait un pistolet miniature. Personne ne le croit, et pour prouver ses dires, il pointe le stylo sur sa tête et fait feu. C'était bien un pistolet miniature...

5

Question de karma

En 1998, Matthew est en train de s'amuser avec ses amis sur les flancs de la Mammoth Moutain, aux États-Unis, quand une brillante idée lui vient en tête. Il est 3 heures du matin, il n'y a personne sur les pistes et Matthew veut absolument faire de la luge. Il détache alors un des matelas de protection qui entoure un des pylônes bordant la piste, remonte tout en haut de celle-ci et s'élance. Le retour de karma est assez violent : n'y voyant rien, Matthew s'écrase littéralement contre le seul poteau qui n'avait pas de protection et meurt sur le coup.

4

Krach Test

Pendant l'été 2006, Darren a acheté une veste de protection contre les armes blanches. Pour être sûr de son efficacité, il l'a testée lui-même. Pour ça, il ne l'a pas posée sur une table ou sur n'importe quel autre support.

Non, il l'a tout simplement enfilée et s'est poignardé. Manque de pot, sa veste ne devait pas être de très bonne qualité puisqu'il en est mort.

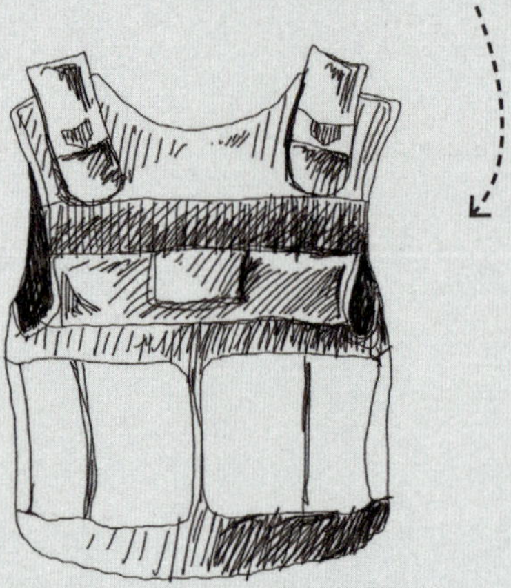

2

Le voleur débutant

En 1990, un voleur apparemment débutant a pris une succession de décisions stupides qui ont conduit à son décès. Pour commencer, il a décidé de braquer un magasin d'armes rempli de clients armés. Ensuite, en rentrant dans le magasin, il n'a pas remarqué la voiture de police stationnée juste devant. Une fois au comptoir, il a remarqué par contre le policier en uniforme présent à côté de lui mais n'y a pas fait attention. Il a sorti son arme et a tiré en l'air pour faire peur. En retour, le policier, le gérant du magasin et une demi-douzaine de clients ont tous ouvert le feu sur lui.

3

Le fétichiste

Dans la vie privée, beaucoup de personnes ont des délires différents, des fantasmes particuliers, etc. C'est par exemple le cas de Lantern et de sa femme. Lui, son kiff, c'est de se mettre cul nu et de demander à sa femme de mettre le canon d'un fusil de chasse en contact avec son popotin et d'appuyer sur la gâchette. Bien entendu, l'arme est toujours déchargée ! Enfin, presque toujours... Un jour où une amie de sa femme allait arriver d'une minute à l'autre, Lantern a absolument voulu faire joujou, et dans la précipitation, ils ont oublié de retirer les cartouches... Oui, il a morflé, mais heureusement pour lui, c'est la seule personne de cette liste à avoir un Darwin Award et à être encore en vie.

1

Automassacre à la tronçonneuse

En 1995, dans la campagne polonaise, un groupe de paysans bien alcoolisés ont une bonne idée. Ils se déshabillent et veulent jouer au jeu

de « qui est le plus viril de tous » . Ils commencent gentiment à se donner chacun des coups de navet sur la tronche. Et puis, à un moment, tout part en vrille. L'un d'entre eux sort une tronçonneuse et se coupe le bout du pied. Humilié et ne voulant pas perdre le jeu, Krystof Azninski lui prend la tronçonneuse des mains et se coupe la tête. Je pense qu'il mérite largement sa place en tête du classement (tu as compris le jeu de mots ?).

7 journées de célébration méconnues

7

LA JOURNÉE DU NATURISME

Célébrée depuis 2006 au début du mois de juin pour l'hémisphère Nord et en décembre pour l'hémisphère Sud, cette journée promeut la tolérance envers ceux qui choisissent de se passer de vêtements. Des journées portes ouvertes sont organisées dans des camps naturistes. Des rassemblements sur des plages du monde entier ont également lieu. Cette pratique est encore interdite dans beaucoup de pays.

6

LA JOURNÉE DE PI

Le nombre Pi, 3,141 592... est célébré le 14 mars, essentiellement aux États-Unis. Là-bas, les mois sont donnés avant les jours, le 14 mars correspond donc à 3.14. Ce jour-là, on porte généralement un tee-shirt ayant un visuel en rapport avec Pi. C'est aussi un jour où l'on mange des tartes (jeu de mot anglais car tarte se dit « pie »).

5

LA JOURNÉE DES VEUFS ET VEUVES

C'est le 23 juin. C'est à déplorer, mais dans de nombreuses régions du monde, les veufs et surtout les veuves ont malheureusement une place à part dans la société. Sans la présence du conjoint, ils se retrouvent à la merci de discriminations – parfois inscrites dans la loi –, ont des ressources moindres et se retrouvent parfois à la rue avec leurs enfants.

4

LA JOURNÉE DE L'ALBINISME

Encore stigmatisés dans de nombreuses cultures, souvent mis à l'écart, abandonnés, diabolisés et parfois même tués, les albinos se doivent d'être protégés. Cette journée, célébrée le 13 juin, est là pour sensibiliser les gens au fait que l'albinisme est dû à une absence de mélanine, que c'est non contagieux puisque transmis génétiquement. Il faut aussi savoir que des cas existent partout dans le monde, quelque soit la couleur de peau des parents !

3

LA JOURNÉE DU YOGA

L'Assemblée générale de l'Organisation des Nations unies, en la personne de son secrétaire général Ban Ki-Moon, « reconnaît les bénéfices holistiques de cette pratique ancestrale. » Plus qu'une activité physique, le yoga, qui est célébré le 21 juin, apporte des valeurs de paix et d'harmonie. Cette date est l'occasion de journées portes ouvertes et de découverte de la discipline dans le monde entier.

2

LA JOURNÉE DES TOILETTES

Cette journée est célébrée le 29 novembre. D'après l'ONU, 2,4 milliards de personnes n'ont pas accès à des sanitaires dignes de ce nom et 1 milliard de personnes sont obligées de faire leurs besoins dans la nature. Ce problème en reflète un autre : celui de l'accès à l'eau courante. Le hashtag #wecantwait a d'ailleurs été lancé pour l'occasion, afin d'attirer l'attention sur ce problème.

1

LA JOURNÉE DES SOLS

Sans sol fertile, pas de cultures, ni de récoltes. Partout sur la planète, les sols s'épuisent, s'érodent et de plus en plus d'engrais chimiques très toxiques sont utilisés pour garantir les récoltes. La journée des sols, qui a lieu le 5 décembre, permet de sensibiliser à cette préservation capitale.

À part la journée de Pi et du naturisme, toutes ces journées internationales sont reconnues par l'ONU.

7 trésors introuvables

7

LES BIJOUX DE JEAN LE MAUVAIS

En 1216, le roi anglais Jean (frère de Richard Cœur de Lion) est surnommé « le mauvais ». En plus d'avoir tenté de voler la couronne de son frère, il est cruel, incompétent et amasse une énorme fortune en augmentant les différents impôts et taxes. Oui oui, c'est l'affreux prince Jean de Robin des Bois !

Alors qu'il passe dans « The Wash » (une bande de terre humide, avec des étangs et des trous d'eau et sensible à la marée), l'équipage du roi, qui transporte les joyaux de la couronne, des bijoux et de l'or, s'embourbe et se fait rattraper par la marée montante. Les diligences ne furent jamais retrouvées. Le roi s'en sort et meurt de la dysenterie quelques jours plus tard. En 2015, les recherches continuent : on tente toujours de retrouver l'endroit exact du trésor, en calculant notamment la profondeur du sol, en vain...

6

LA CHASSE AU TRÉSOR DE FORREST FENN

Voilà une histoire passionnante. Forrest Fenn, un marchand d'art américain, aime dénicher des trésors – ça va de vieux tableaux à des fossiles préhistoriques. En 2010, il cache un trésor : une malle de 20 kilos qui contient de l'or, beaucoup d'or. Ses livres, notamment *The Thrill of the Chase*, *L'Excitation de la recherche* ou encore *Too far to walk* contiennent des poèmes énigmatiques et une carte censés aider à localiser le lieu où il a caché son trésor. Dans une interview de 2016, il estime que 65 000 personnes seraient déjà parties à sa recherche. Il refuse de donner la valeur du trésor mais il sait que certains s'en sont approchés de très près ! Bonne chance pour le trouver, puisqu'il

se situe dans les Montagnes Rocheuses, potentiellement dans l'un des quatre états suivants : Montana, Wyoming, Colorado et Nouveau-Mexique.

5

LE TRÉSOR DU FLOR DE LA MAR

La frégate portugaise *Flor de la Mar* (Fleur de la mer) a vogué au XVIe siècle. Son capitaine, Alfonso de Albuquerque, rapporte au Portugal, depuis Malacca (en Malaisie), un trésor gigantesque. Il aurait été le trésor le plus important jamais transporté par les Portugais. Bien que quatre autres bateaux aient fait le voyage avec le *Flor de la Mar*, la majorité du trésor se trouvait dans le navire d'Albuquerque. Le bateau fit naufrage en novembre 1511 dans le détroit de Malacca, en se fracassant sur des rochers. Le commandant survécut mais ni les esclaves qu'il transportait, ni les richesses ne purent être sauvés. C'est à ce jour le trésor connu le plus précieux au monde : 200 malles de bijoux !

4

LES ŒUFS DE FABERGÉ

Le tsar de Russie Alexandre III était fou de sa femme, l'impératrice Marie. À la fin du XIXe siècle, il charge deux bijoutiers réputés, les frères Fabergé, de réaliser des œufs très précieux. Si la réalisation du premier œuf devait correspondre à certains critères, le tsar et sa femme furent si satisfaits qu'ils leurs laissèrent carte blanche pour les prochains – la seule contrainte était que l'œuf s'ouvre pour révéler une surprise. Sur une période de 33 ans, une cinquantaine d'œufs impériaux furent produits. Après l'arrivée des bolcheviks et l'exécution de la famille royale, les œufs furent confisqués et certains vendus. De nos jours, sur les cinquante, sept sont portés disparus et, vu leur valeur, il s'agit certainement d'un des plus gros trésors perdu de notre ère.

3

LE TRÉSOR LÉGENDAIRE DES TEMPLIERS

Une histoire passionnante mêlant papauté, christianisme et beaucoup de sous ! Bref rappel : l'ordre du Temple était une organisation religieuse militaire, fondée en 1119 et basée à Jérusalem. Reconnus par le pape Innocent II, les chevaliers du Temple devaient accompagner et protéger les pèlerins au Moyen-Orient. Se rémunérant grâce à des donations, ils développèrent également un système de prêt bancaire très efficace : bref, ils étaient riches et même, selon la légende, propriétaires d'un trésor immense. En 1291, ils tombèrent en disgrâce et revinrent en France où même le roi Philippe IV le Bel leur devait de l'argent. Pour ne pas les rembourser, récupérer ce trésor, et mettre le pape Clément V – son ennemi et protecteur des Templiers – en position difficile, le roi les fait arrêter et torturer. Dans la confusion, beaucoup de chevaliers ont réussi à s'enfuir et à se cacher, emportant avec eux leur fameux trésor.

Même si l'ordre du Temple et ses chevaliers ont bien existé, il y a de fortes chances pour que cette histoire de trésor perdu relève plus de la légende que de la vérité historique. Il n'empêche, l'histoire est quand même épique !

2

LE TRÉSOR DE LA FLOTTE ESPAGNOLE

En 1715, 12 bateaux espagnols partirent de Cuba à destination de l'Europe avec leurs cales pleines d'or, d'argent, d'émeraudes, etc. Il n'arrivèrent jamais. Après 5 jours de mer et un ouragan, ils sombrèrent au large de la Floride.

D'ailleurs, en Floride, depuis 1965, un coin de plage porte le nom de « Treasure Coast ». En effet, certains habitants trouvent parfois des bijoux et des pièces d'or, provenant du naufrage, rejetés sur la plage. Par exemple, exactement 300 ans après le naufrage, en 2015, à quelques mètres du rivage, 300 pièces d'or furent récupérées pour une valeur de 4,5 millions de dollars !

1

LE TRÉSOR DU LAC TÖPLITZ

Parmi les nombreuses rumeurs de trésor caché par les nazis, celle du lac de Töplitz (dans les Alpes autrichiennes) est encore tenace – à tel point qu'on y déplore au moins 7 décès par noyade ces dernières années. La légende veut que les fameux lingots d'or qui devaient assurer la fuite des chefs nazis après la débâcle s'y trouvent. Dans les années 1960, on y retrouve des malles contenant de fausses livres sterling. Le neveu de Ernst Kaltenbrunner, un chef SS proche de Hitler capturé à 20 kilomètres du lac le 12 mai 1945, affirme en 2014 que la rumeur est vraie et que des œuvres d'art s'y trouveraient également.

INDEX